Vasco Kintzel

Einfach Autos zeichnen
Schritt für Schritt zu perfekten Motiven!

4 Klassische Oldtimer

Kintzel Verlag

Der Autor arbeitet als freier Grafik-Designer in München. Unter anderem sind von ihm in der Reihe **„Einfach ... zeichnen – Schritt für Schritt zu perfekten Motiven!"** erschienen:

Nr. 1   Autos, LKWs und mehr ...   *ISBN 3 - 8330 - 0021 - X*
Nr. 2   Klassische Sportwagen   *ISBN 3 - 8330 - 0022 - 8*
Nr. 3   Geländewagen & Offroader   *ISBN 3 - 8330 - 0023 - 6*
Nr. 4   Klassische Oldtimer   *ISBN 3 - 8330 - 0024 - 4*

Weitere Titel, wie z.B. Tiere, Tierportraits, Bauwerke etc. erscheinen.
Informieren Sie sich zu Neuerscheinungen und geplanten Ausgaben auf der
Internetseite

www.einfach-zeichnen.de

Dort können Sie weitere Ausgaben bequem und ohne langes Suchen online bestellen!
Alle Bücher sind im Buchhandel und bei den Online-Buchhändlern erhältlich.

Alle Zeichnungen, Texte, Covergestaltung: Vasco Kintzel
Printed in Germany

ISBN 3 - 8330 - 0024 - 4

Herstellung: Books on Demand GmbH

Details für die genauere Ausarbeitung der Motive

Dieses Buch zeigt Ihnen, wie Sie Schritt für Schritt klassische Oldtimer zeichnen können. Vielleicht haben Sie das Buch schon durchgeblättert und eine Zeichnung gefunden, die Sie am liebsten gleich zu Papier bringen würden? Nur zu!

Legen Sie sich ein Blatt Papier, einen weichen Bleistift (Härtegrad 2B-4B), einen weißen Deckstift (oder Deckweiß und einen kleinen Pinsel) und einen weichen Radiergummi zurecht. Alle Materialien erhalten Sie in einem Geschäft für Zeichenartikel. Falls Sie Schwierigkeiten haben, freihändig gerade Linien zu ziehen, benutzen Sie ruhig ein Lineal dazu.

Beginnen Sie nun mit dem ersten Schritt ihrer Zeichnung. Drücken Sie Ihren Bleistift nicht zu fest auf das Papier. Zeichnen Sie so hell und so leicht wie möglich. Dann können Sie später ohne Probleme Änderungen anbringen und Hilfslinien ausradieren. Da die Proportion, also das Verhältnis von der Breite zur Höhe der Zeichnung, sowie der Abstand der Fahrzeugräder zueinander im ersten Schritt festgelegt werden, ist es sehr wichtig, dass Sie diese Striche sehr sorgfältig und genau von der Vorlage übertragen. Nachdem alle weiteren Schritte auf dem ersten Schritt aufbauen, würde Ihre Zeichnung im anderen Falle zwangsläufig etwas zu hoch oder etwas zu breit geraten. Nehmen Sie ruhig ein Lineal zu Hilfe, um die richtigen Proportionen mit ihrer Zeichnung zu vergleichen.

Haben Sie den ersten Schritt erfolgreich zu Papier gebracht, kann so gut wie nichts mehr schief gehen! Folgen Sie nun dem zweiten Schritt. Die Linien, die Sie bereits gezeichnet haben, sind nun grau angedeutet und helfen Ihnen dabei, die Position der weiteren Striche zu bestimmen. So können Sie die folgenden Linien leicht einzeichnen. Achten Sie bitte auch hier auf die genaue Position der Linien und auf deren Winkel.

Je mehr Sie nun fortschreiten, um so leichter wird es Ihnen fallen die weiteren Schritte auszuführen. Die restlichen Linien ergeben sich fast wie von allein.
Haben Sie alle Schritte bis zum vorletzten Schritt gezeichnet, können Sie die Linien dieser Zeichnung stärker nachziehen und die Hilfslinien ausradieren.

Ihre Zeichnung ist jetzt so gut wie fertig!

　　

Sie können nun ganz nach Ihren eigenen Vorstellungen fortfahren. Es bieten sich viele Möglichkeiten an: Ein Beispiel soll Ihnen die letzte Zeichnung geben. In ihr habe ich Schattierungen angelegt und mit weißem Deckstift oder Deckweiß Lichtreflexe eingefügt, die das Werk plastischer erscheinen lassen. Zudem habe ich mit dem Boden eine Umgebung angedeutet, auf der das Auto steht. Auf diese Weise wirkt die Zeichnung lebendiger und wirklichkeitsnaher, als eine Zeichnung, die in der Luft zu schweben scheint. Sie finden sicherlich selbst viele Möglichkeiten Ihrer Zeichnung Leben einzuhauchen. Vielleicht möchten Sie sie sogar mit Farbe beleben. Nur zu! Der Fantasie sind keine Grenzen gesetzt.

Für größere Formate bietet sich eine genauere Ausarbeitung der einzelnen Partien an, die Sie mit feineren Details ausstatten können. Hierzu habe ich einige Anregungen zum Zeichnen von Scheinwerfern, Felgen und Reifenprofilen am Schluss des Buches angefügt. Sobald Sie die Autoscheinwerfer – die Augen des Autos – mehr zur Geltung bringen und sogar die Felgen glänzen lassen, wird ihre Zeichnung immer lebhafter und naturalistischer wirken. Schauen Sie sich Autos in Autozeitschriften an und lassen Sie sich zu eigenen Zeichnungen anregen. Sie werden staunen, welche Ergebnisse Sie erzielen können.

Zum Schluss noch ein gut gemeinter Ratschlag:
Am Anfang wird Ihnen das Zeichnen von Bögen und Kreisen, sowie das richtige Abschätzen der Proportionen vielleicht ein wenig Schwierigkeiten bereiten. Lassen Sie sich dadurch nicht entmutigen! Das ist ganz normal! Denn es ist noch kein Meister vom Himmel gefallen. Zeichnen hat sehr viel mit Konzentration zu tun. Machen Sie deshalb zwischendurch ruhig mal eine Pause. Sehen Sie sich ihr Werk danach nochmals an und vergleichen Sie es mit dem jeweiligen Schritt. Sehr oft werden Sie auf diese Weise feststellen können, dass Sie viel schneller auf einen kleinen Fehler aufmerksam werden, der nun einfach korrigiert werden kann.

Viel Spaß beim Zeichnen wünscht Ihnen

Ihr Vasco Kintzel

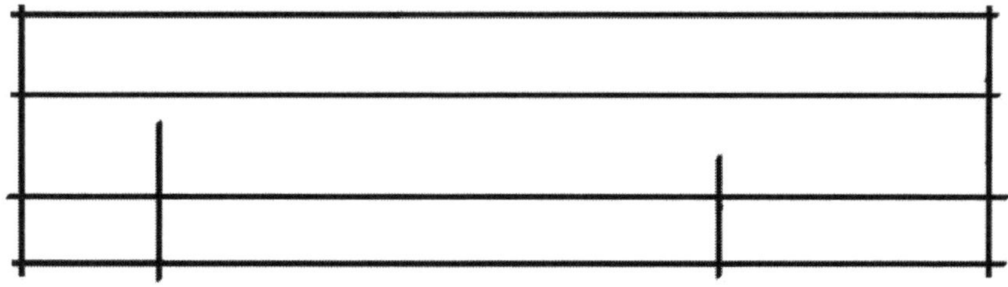

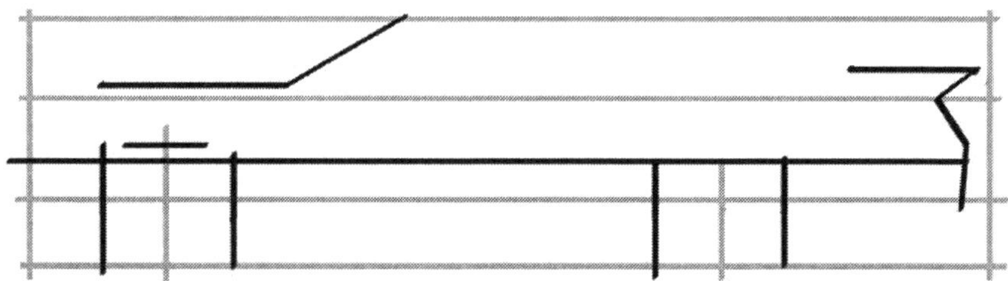

© Vasco Kintzel

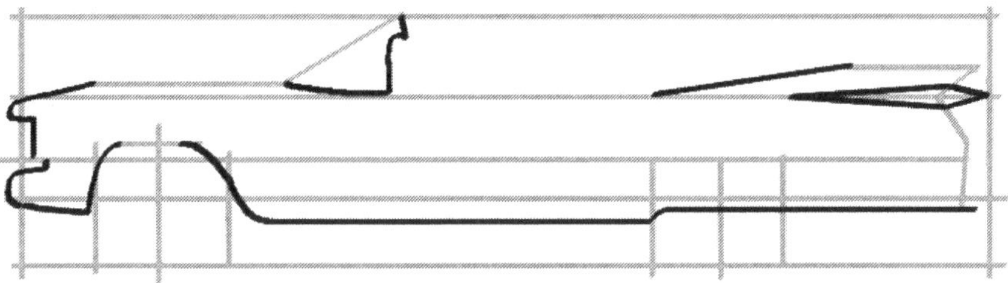

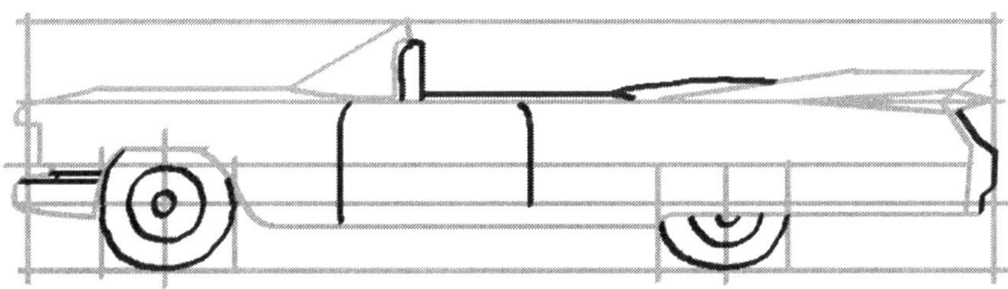

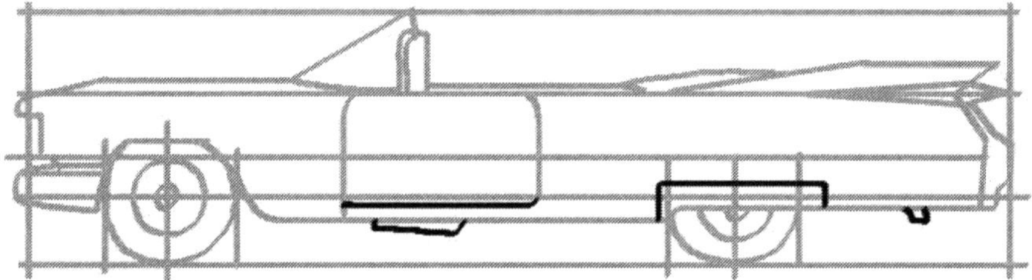

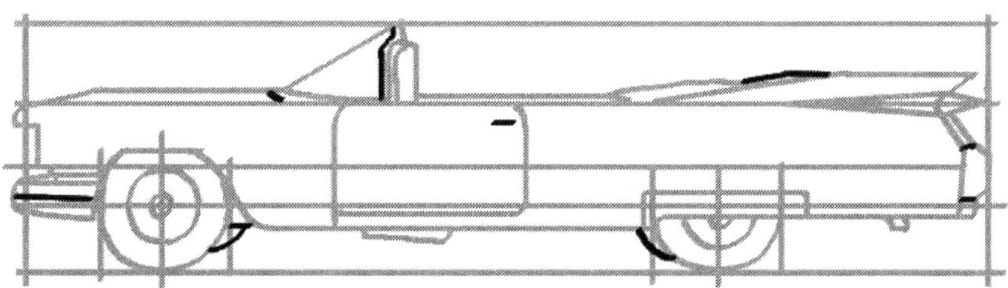

© Vasco Kintzel

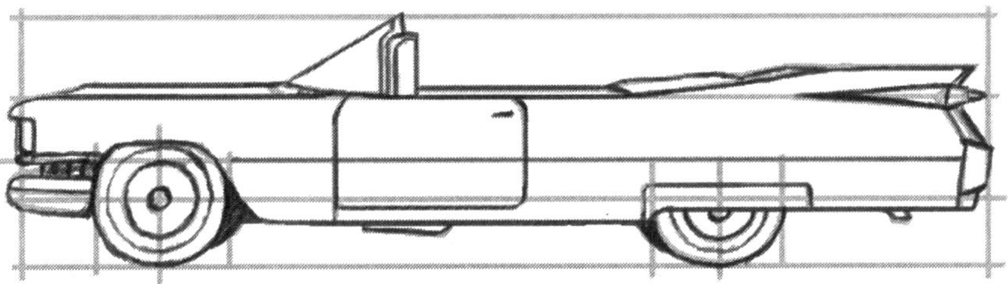

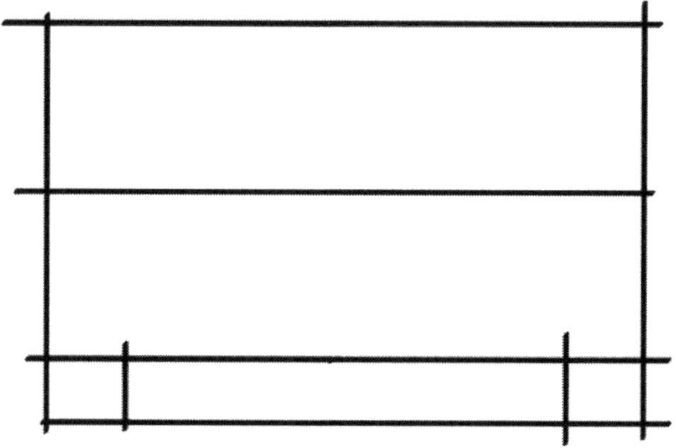

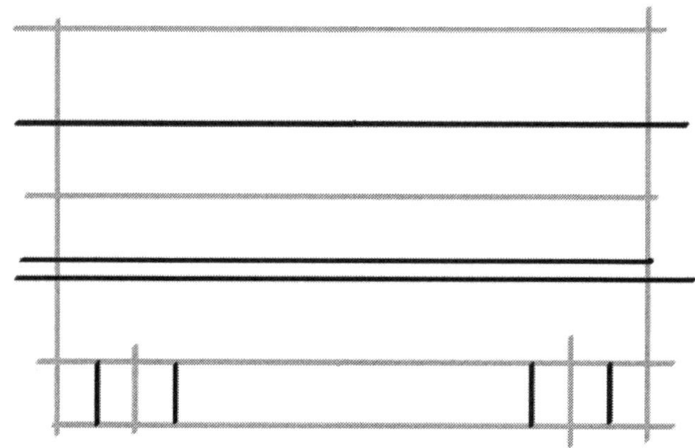

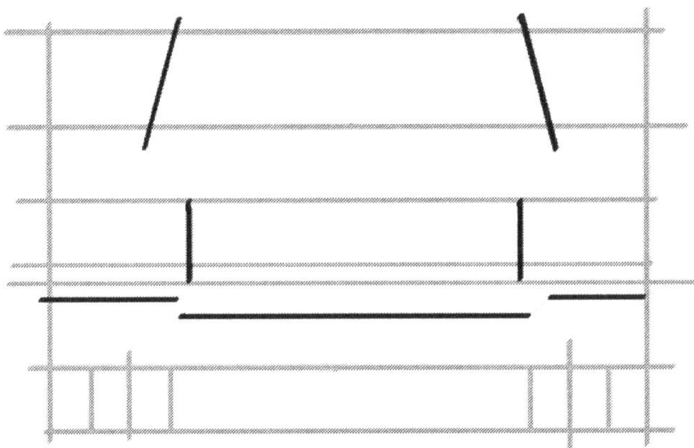

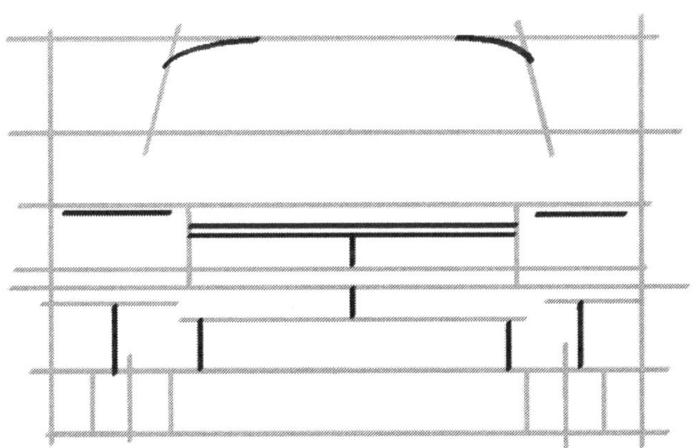

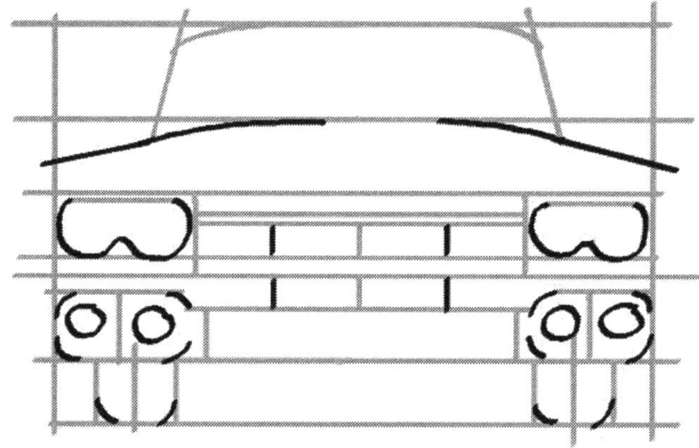

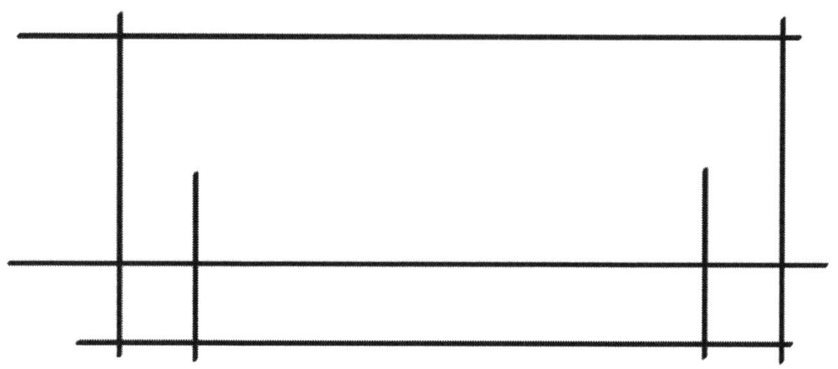

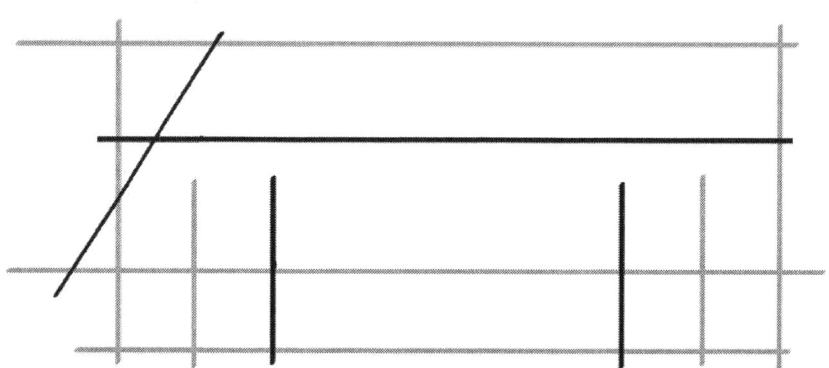

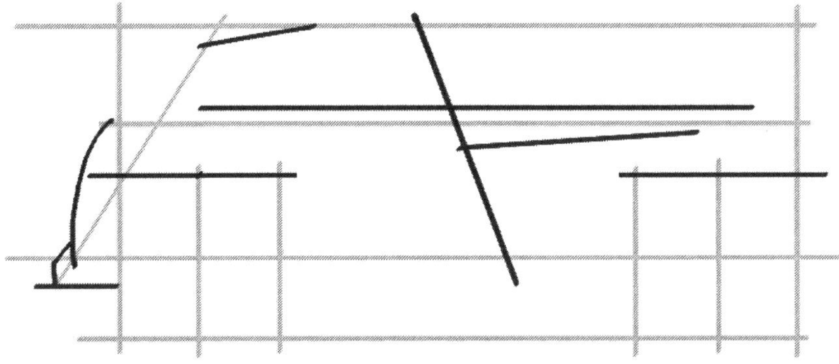

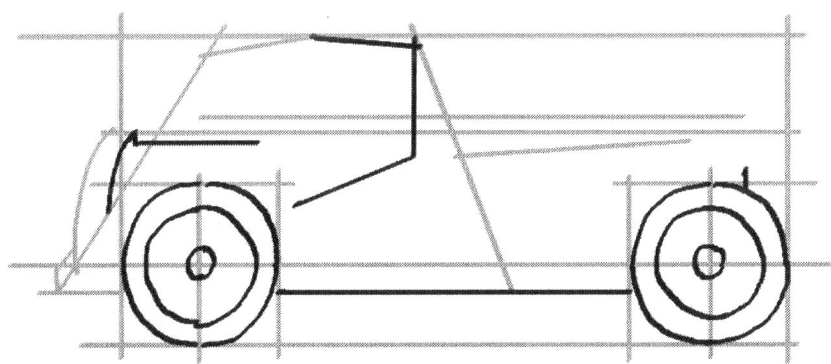

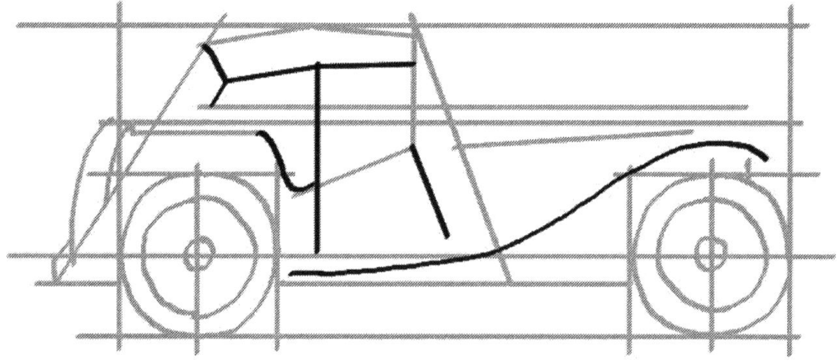

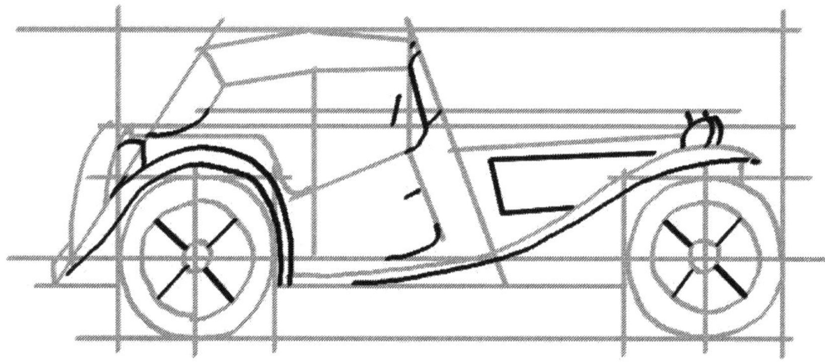

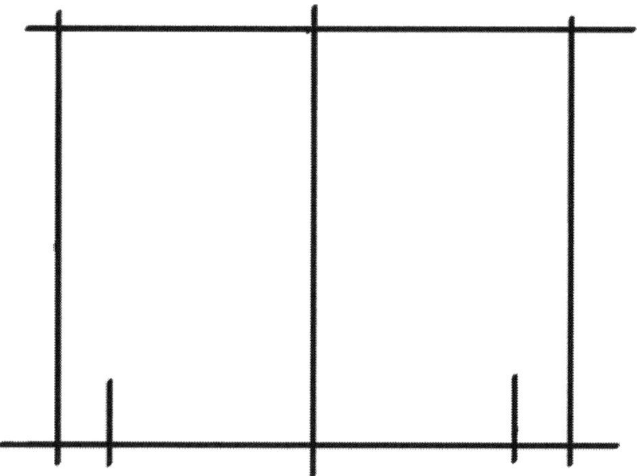

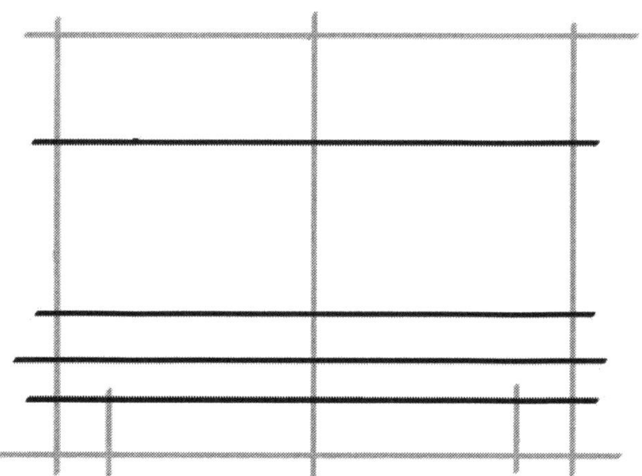

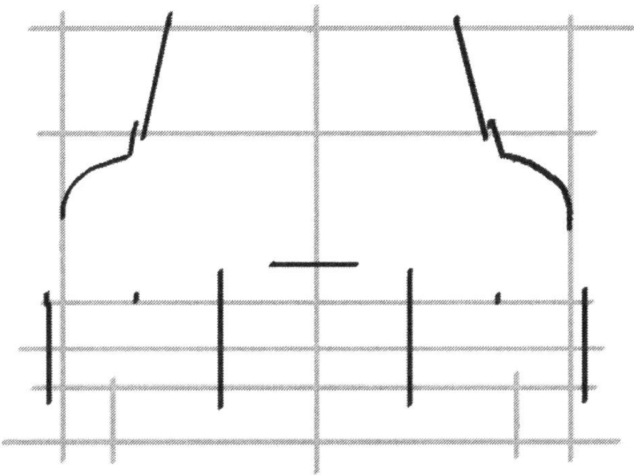

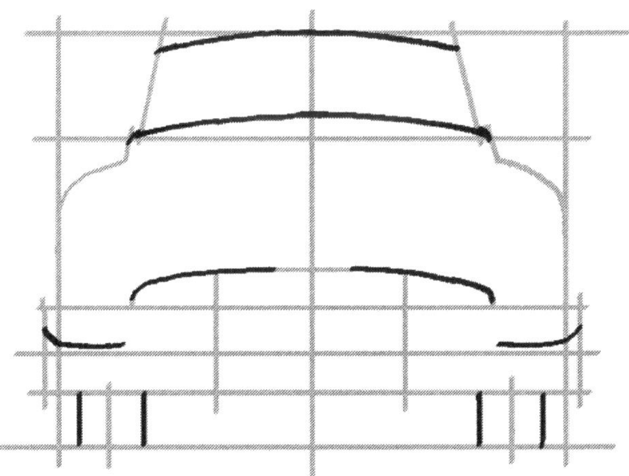

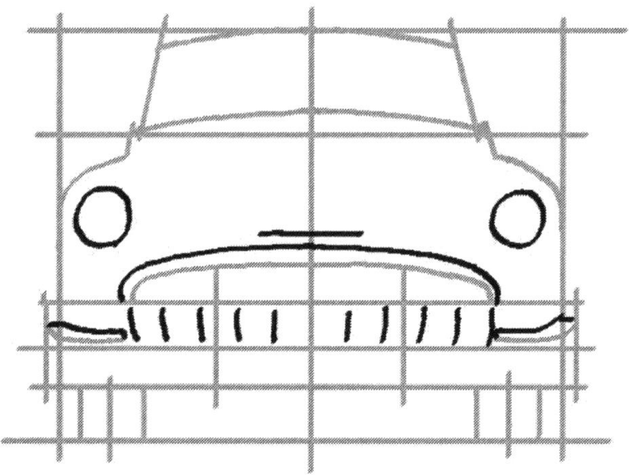

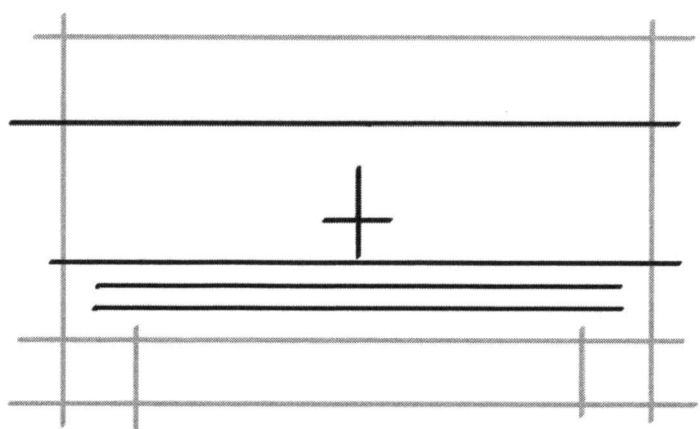

© Vasco Kintzel

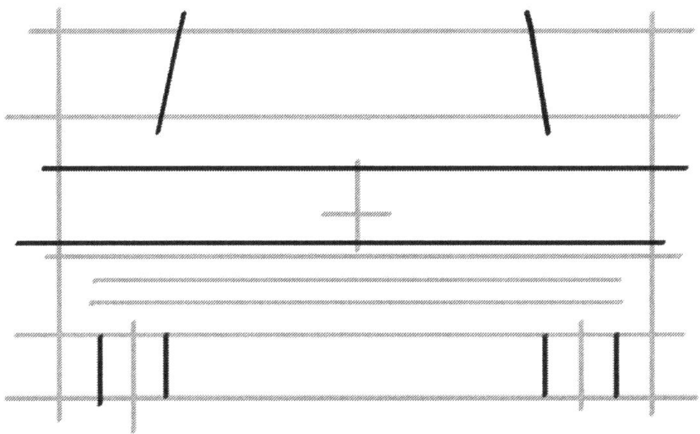

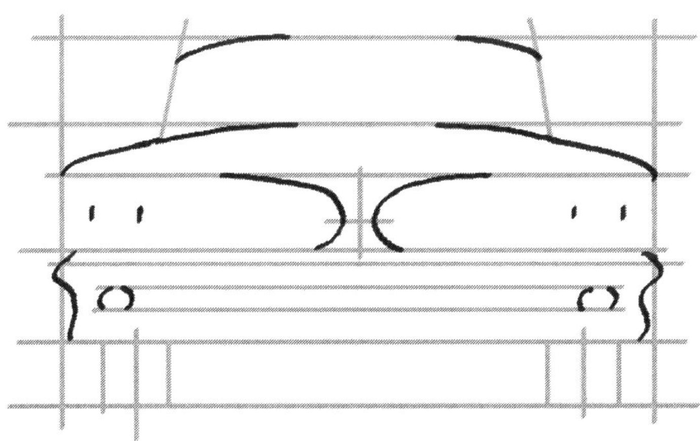

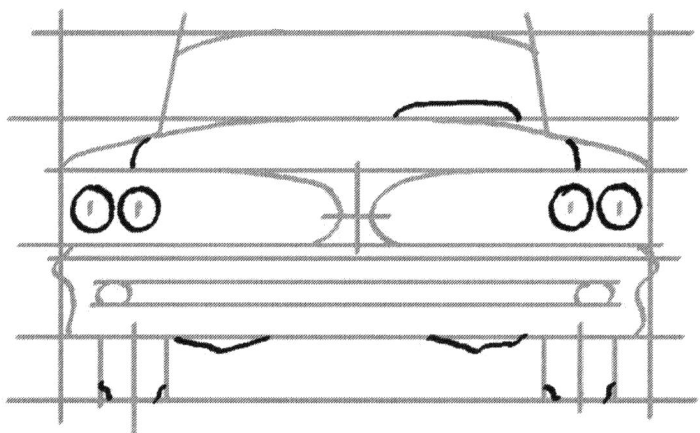

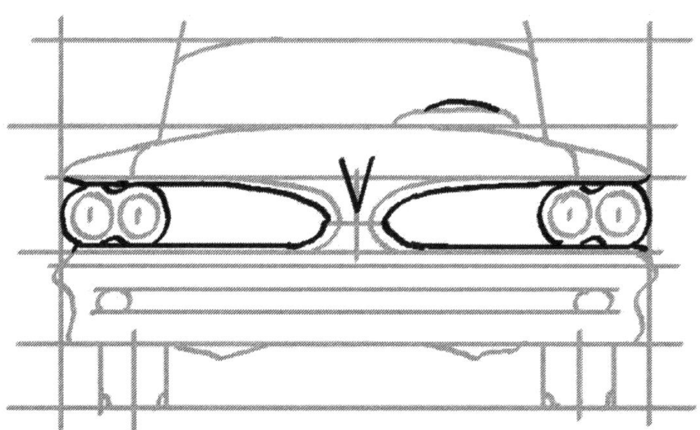

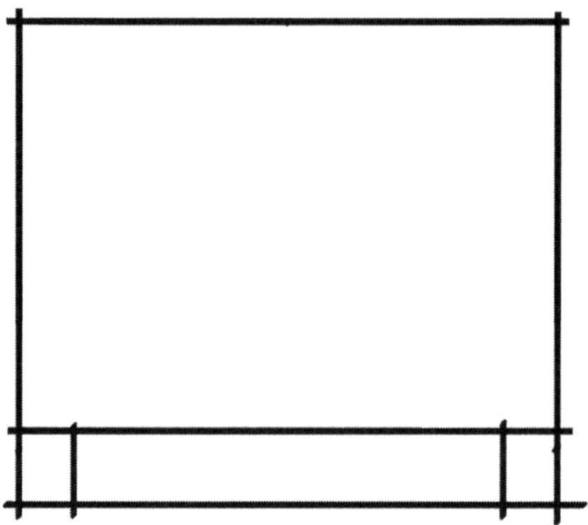

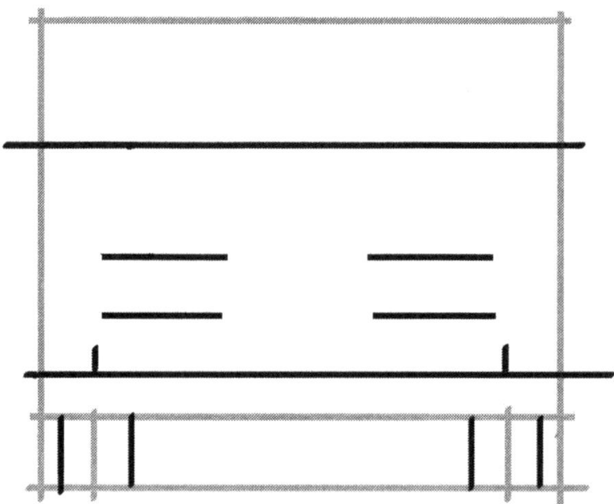

© Vasco Kintzel

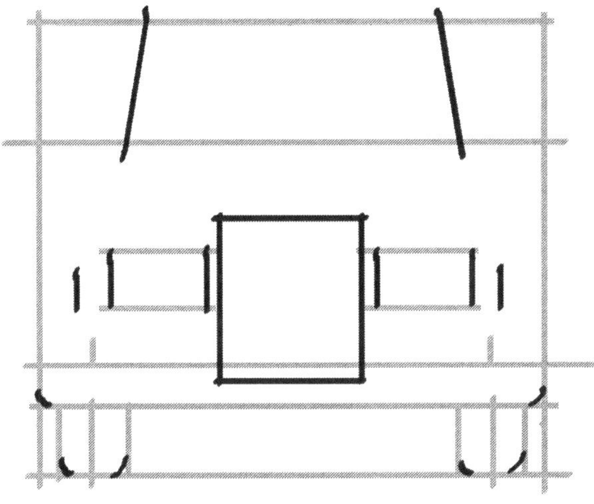

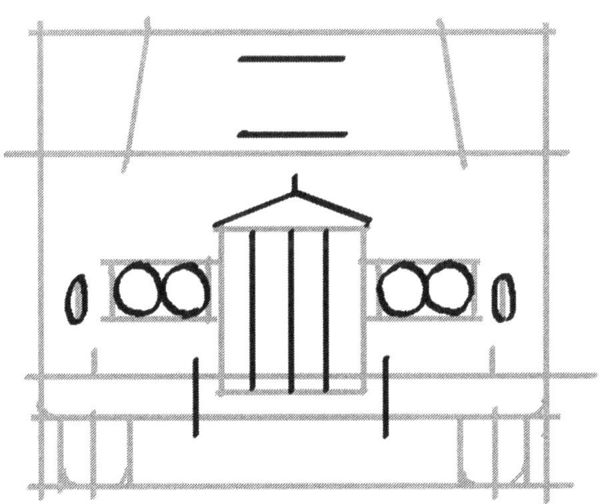

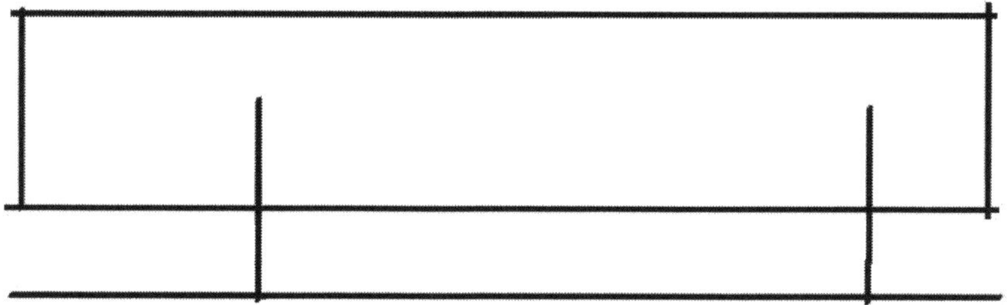

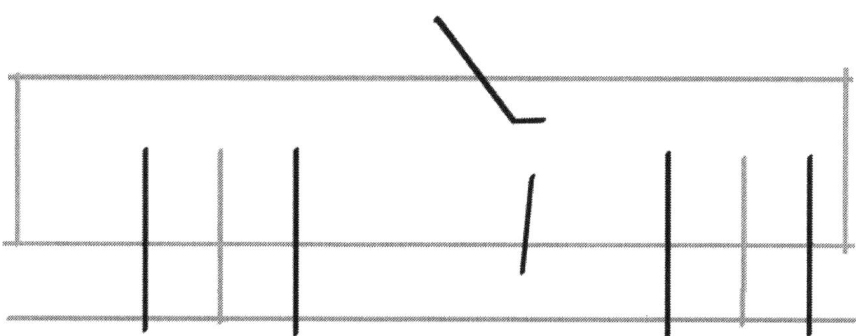

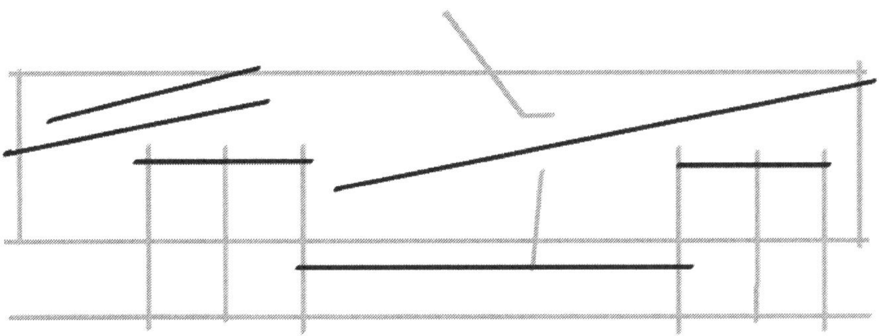

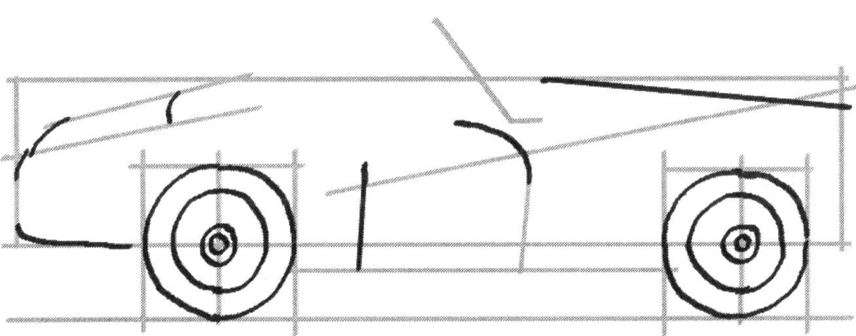

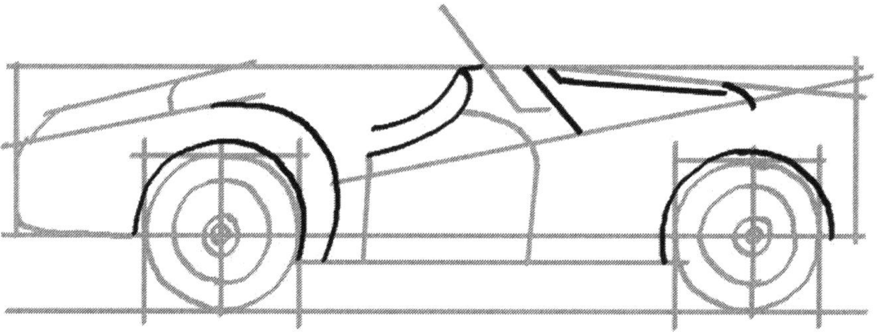

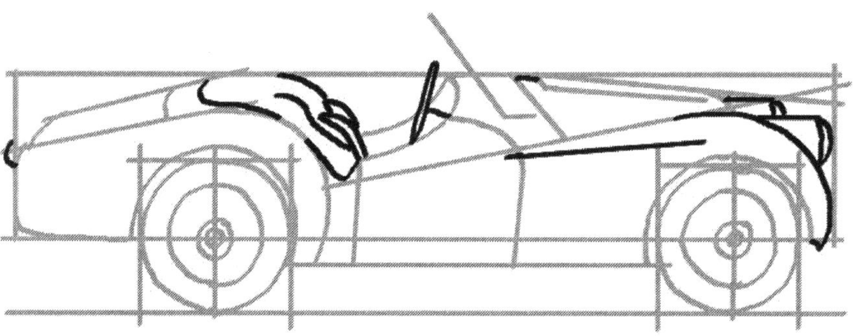

© Vasco Kintzel

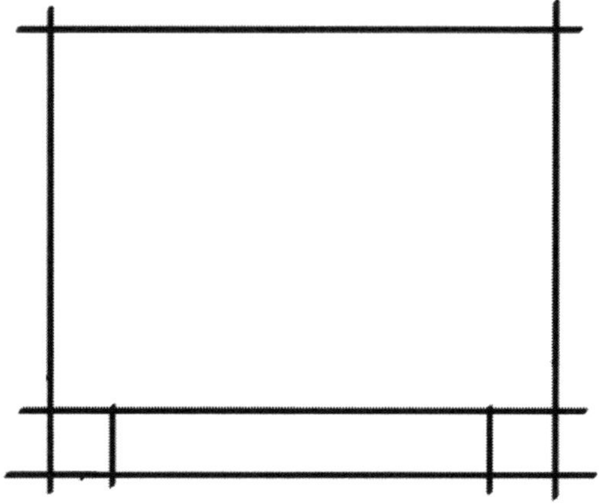

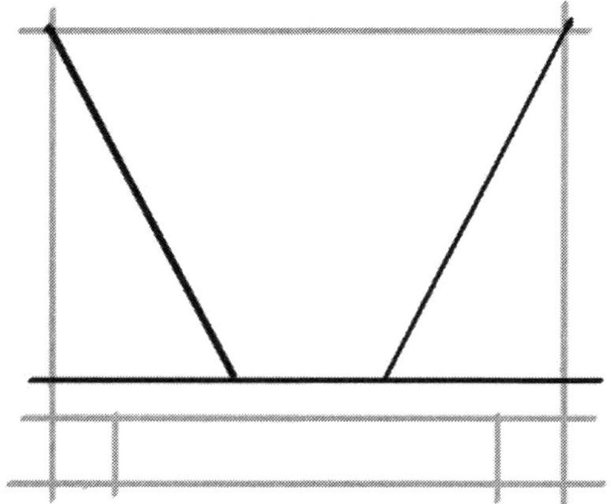

© Vasco Kintzel

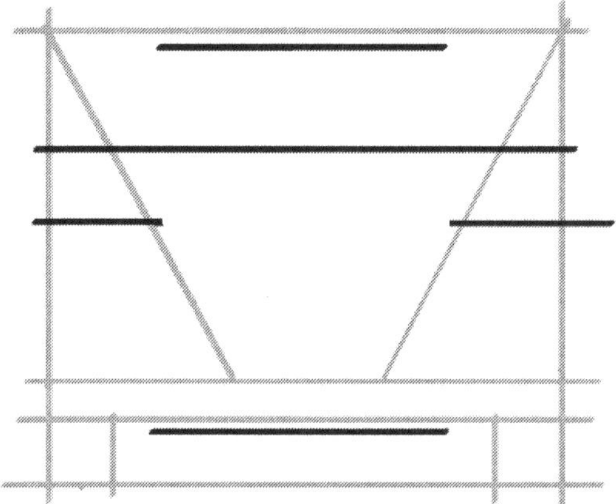

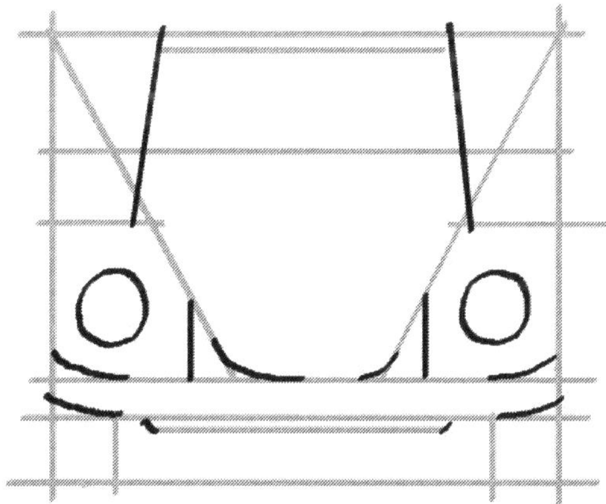

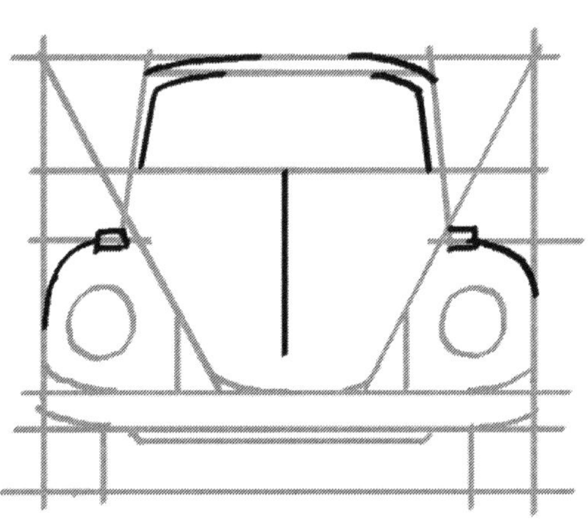

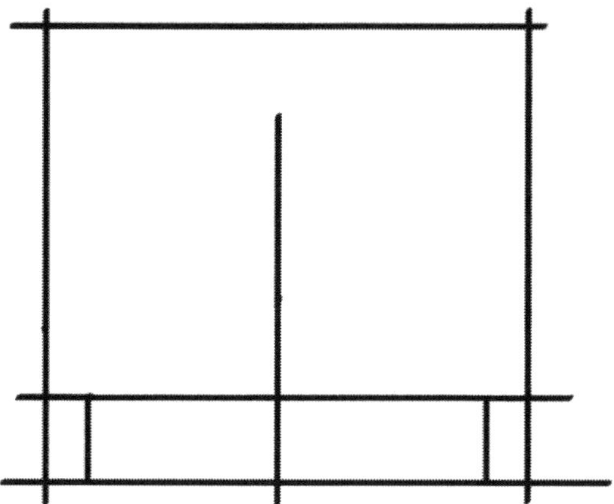

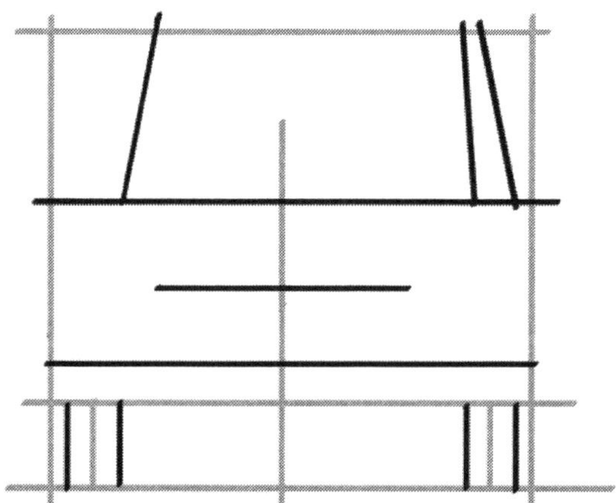

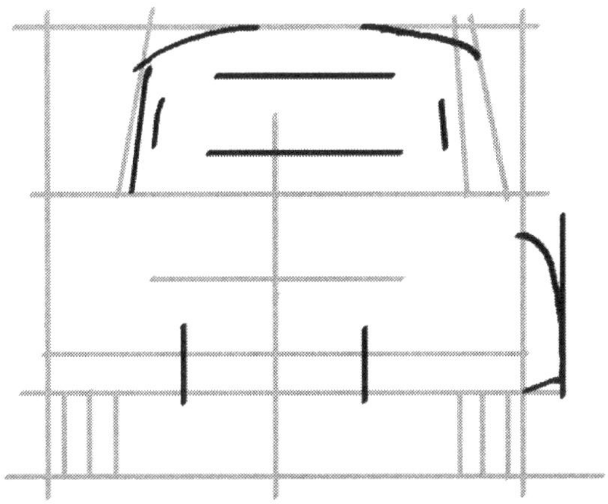

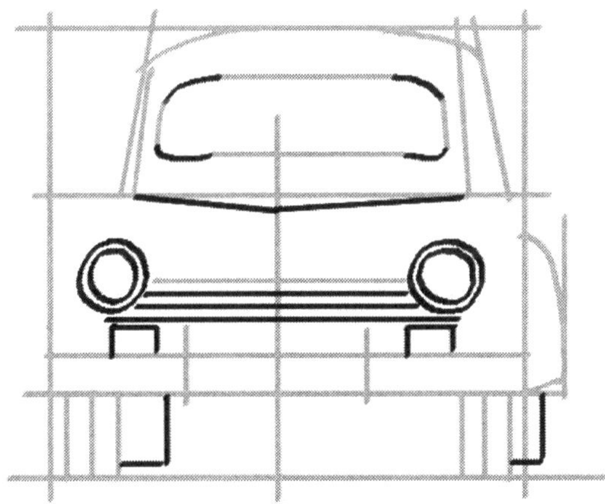

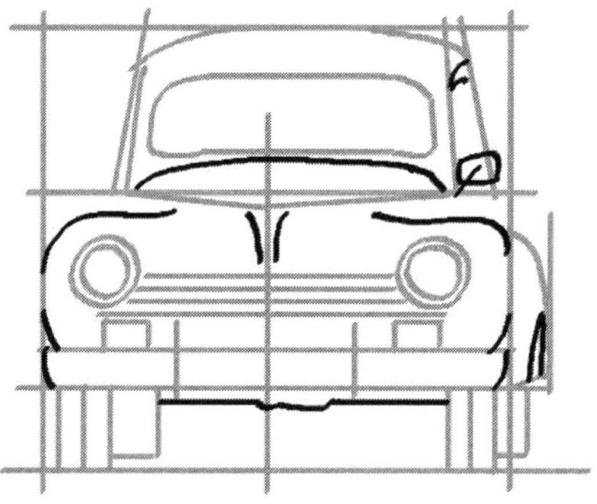

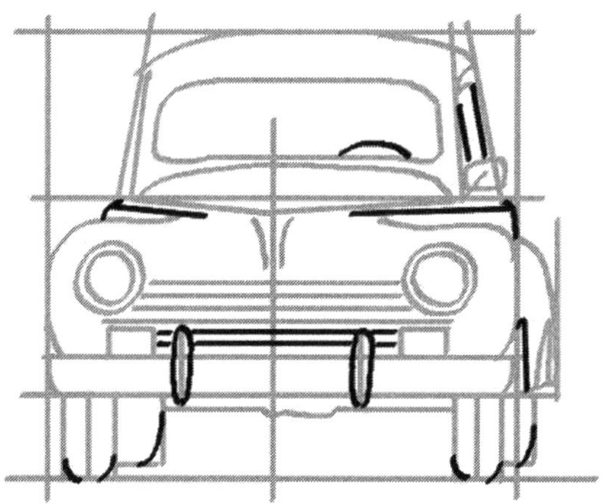

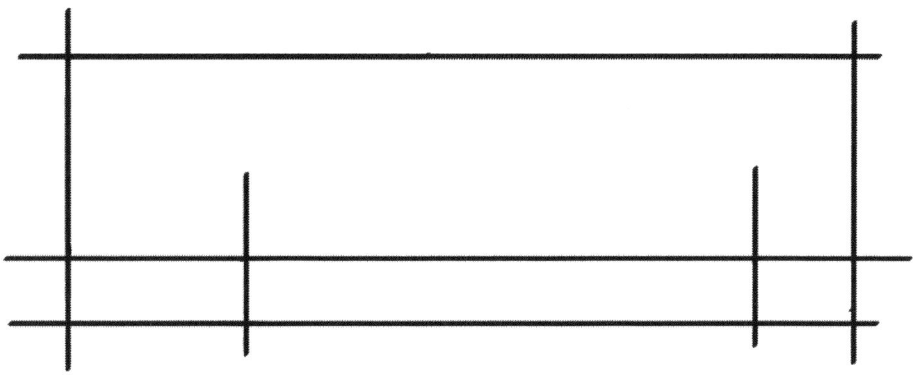

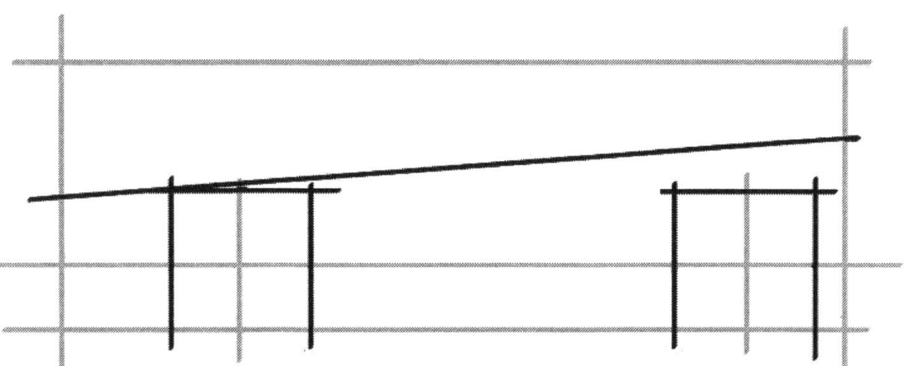

© Vasco Kintzel

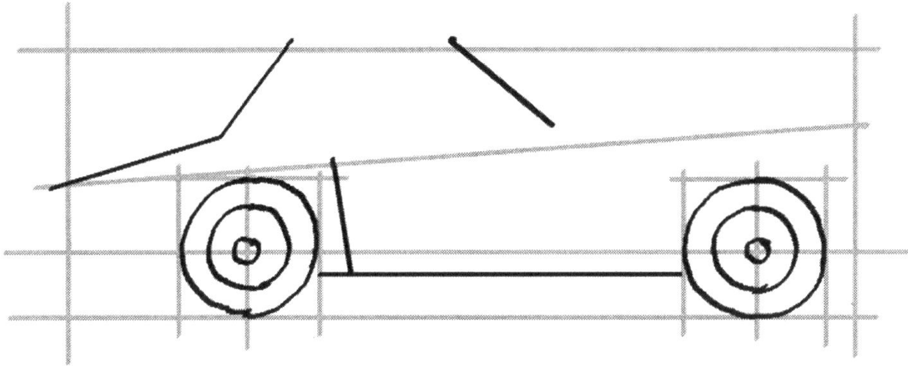

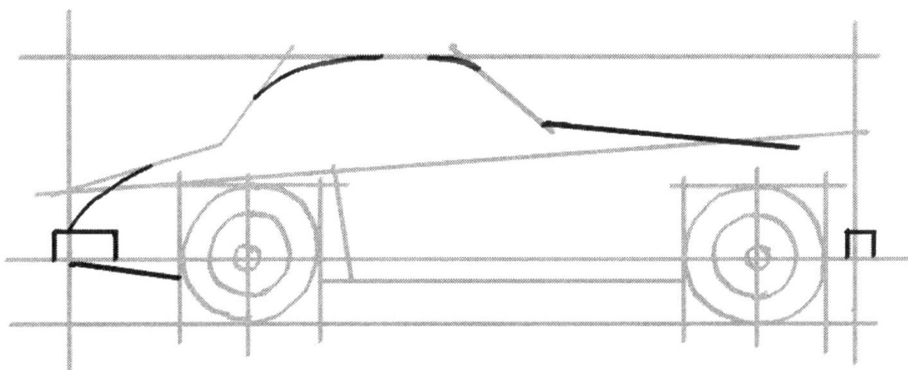

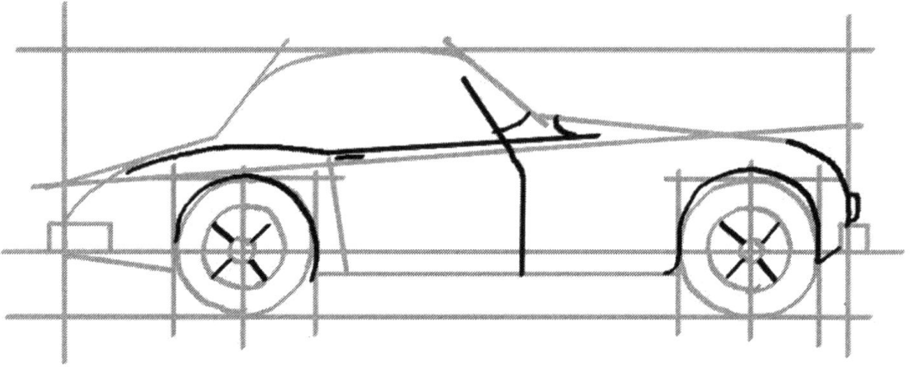

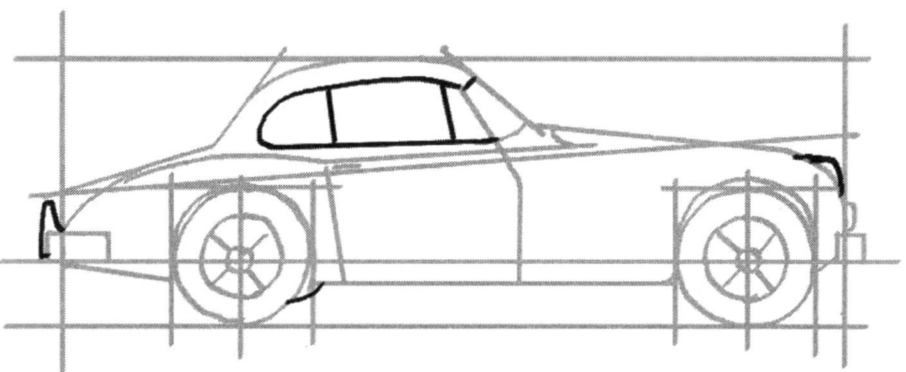

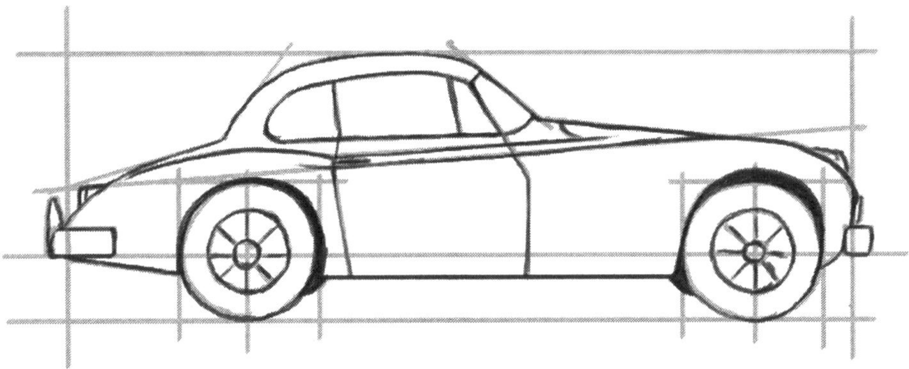

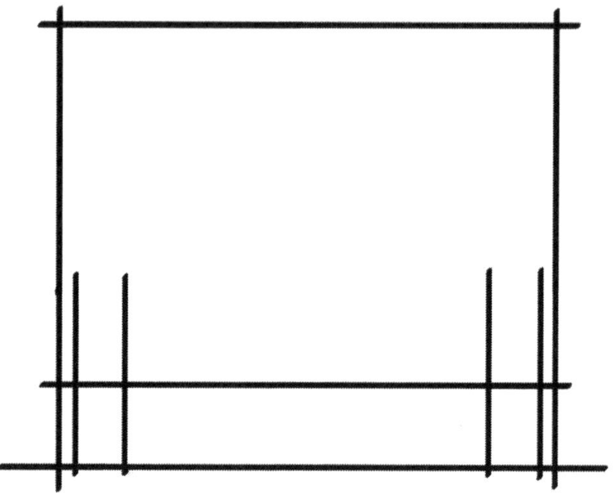

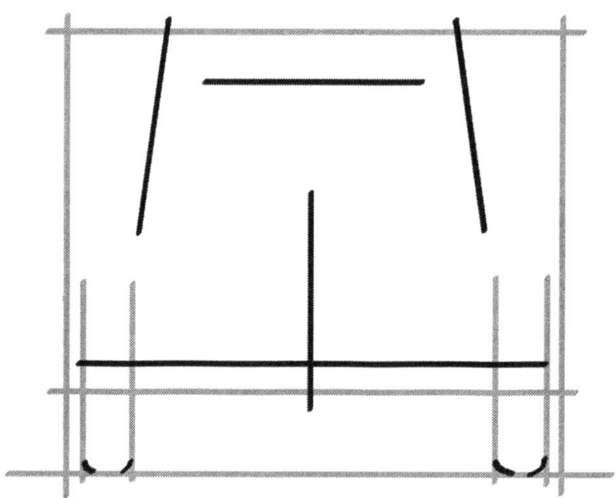

© Vasco Kintzel

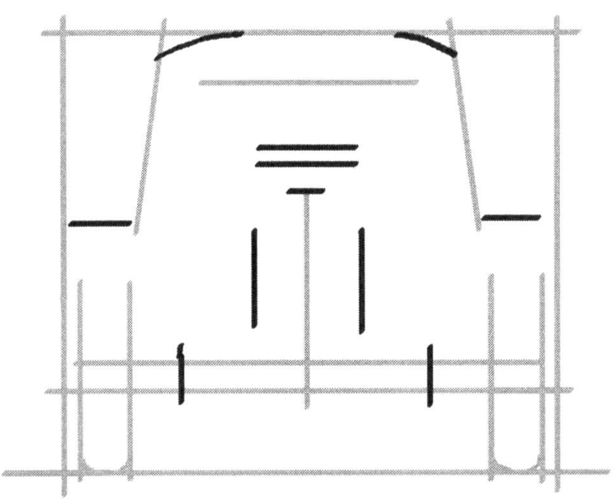

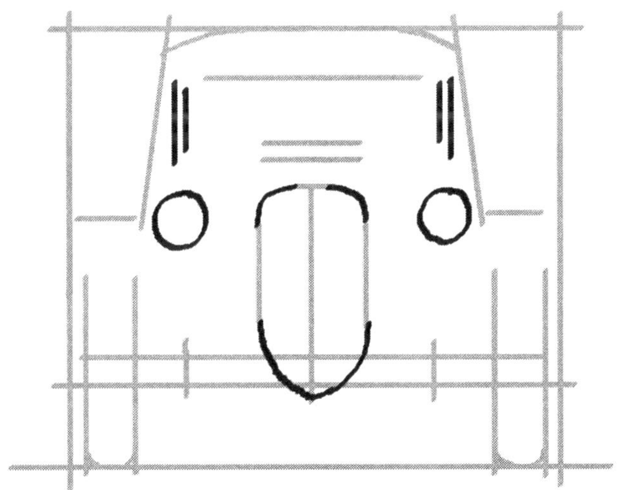

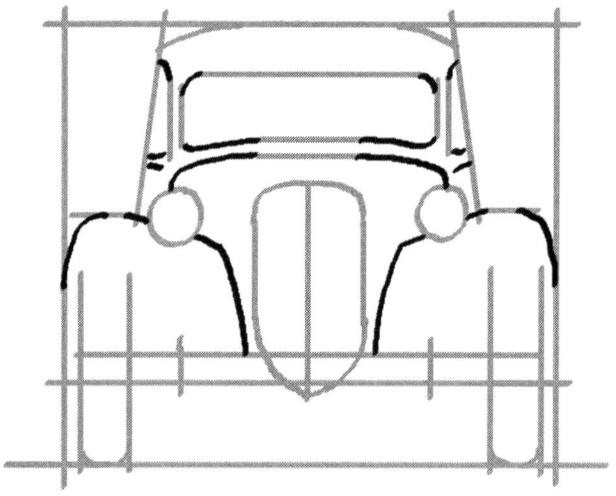

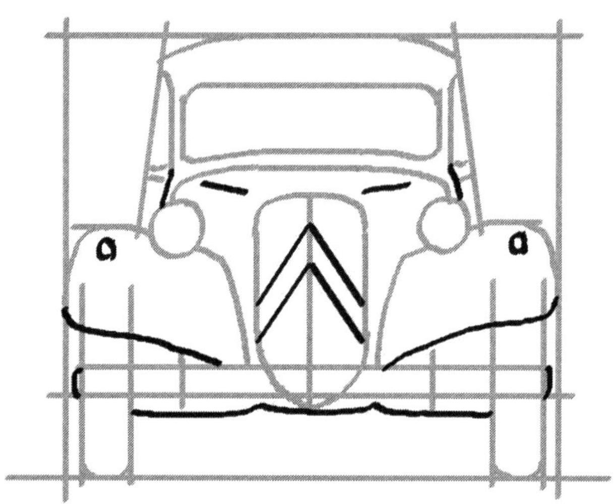

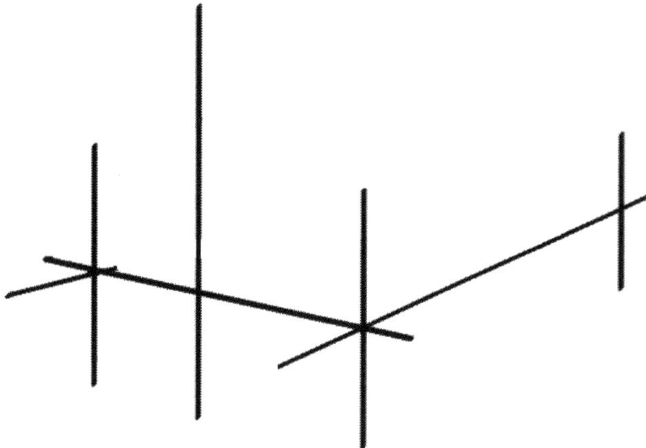

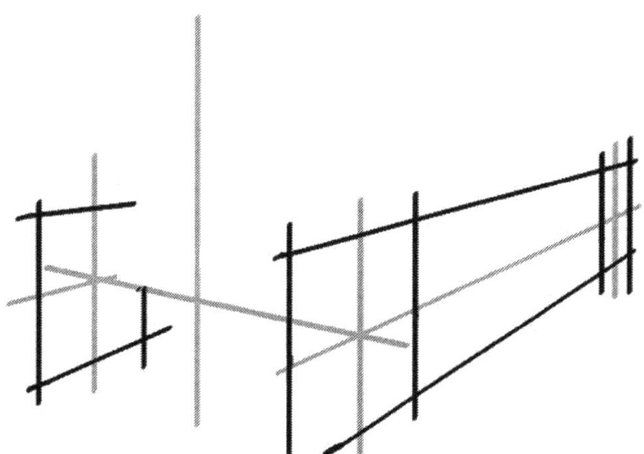

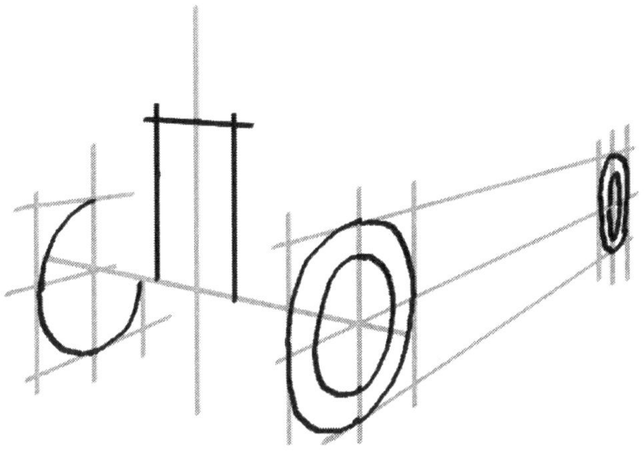

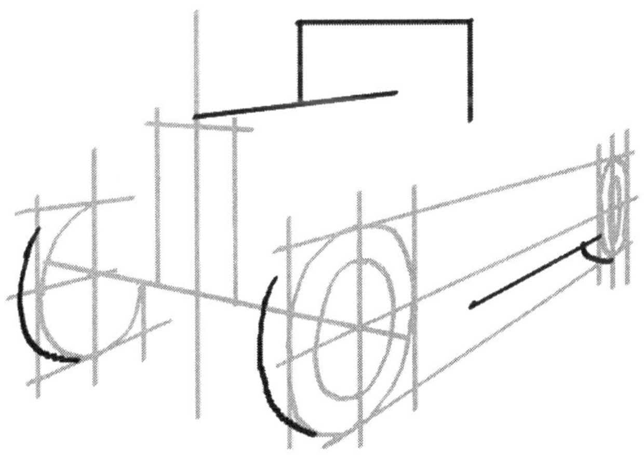

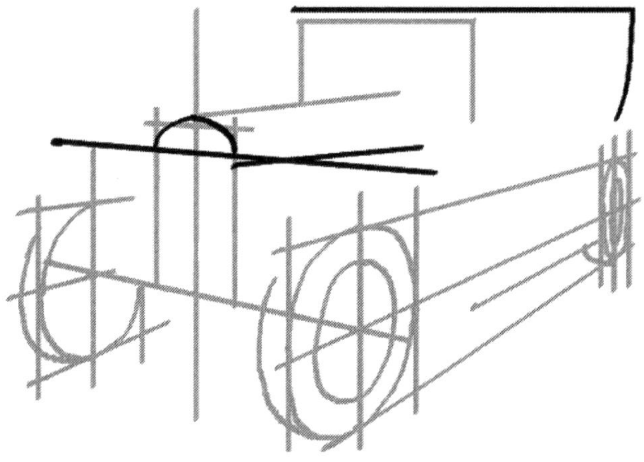

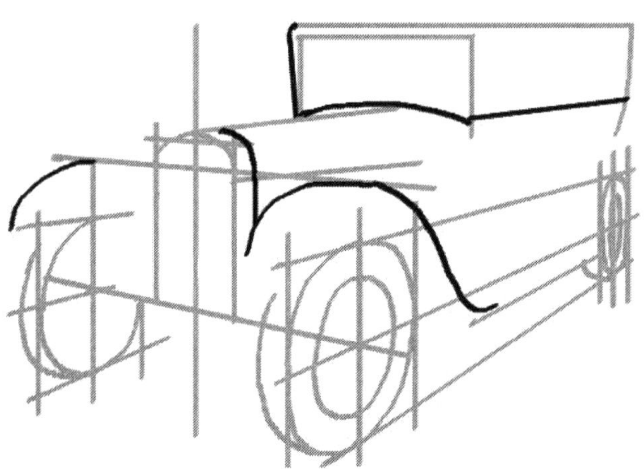

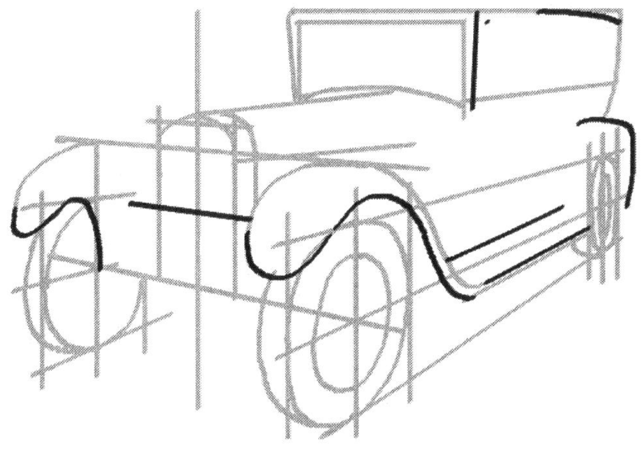

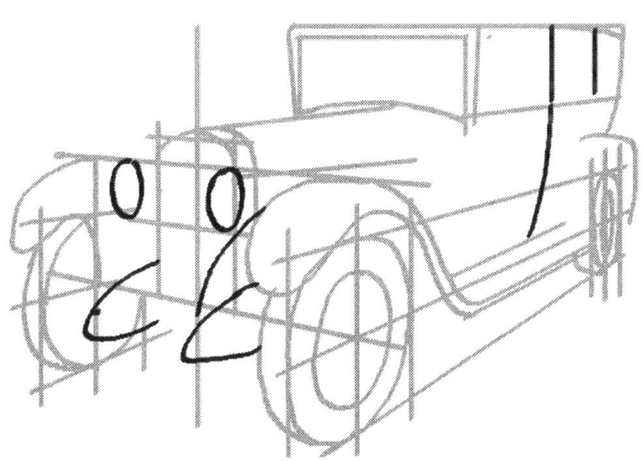

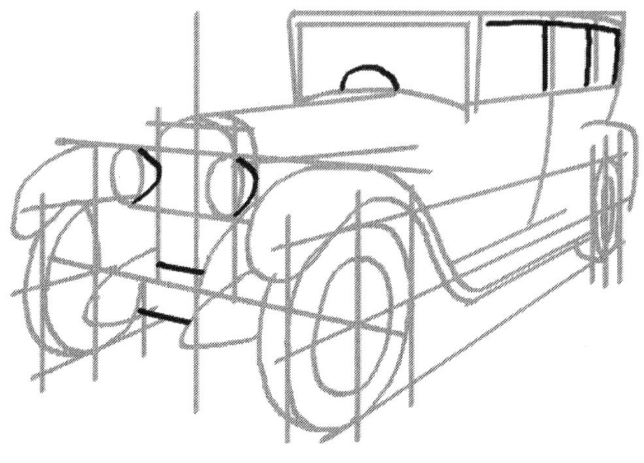

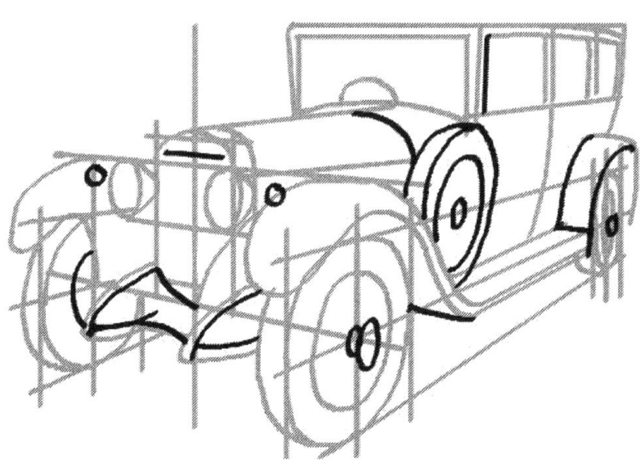

1

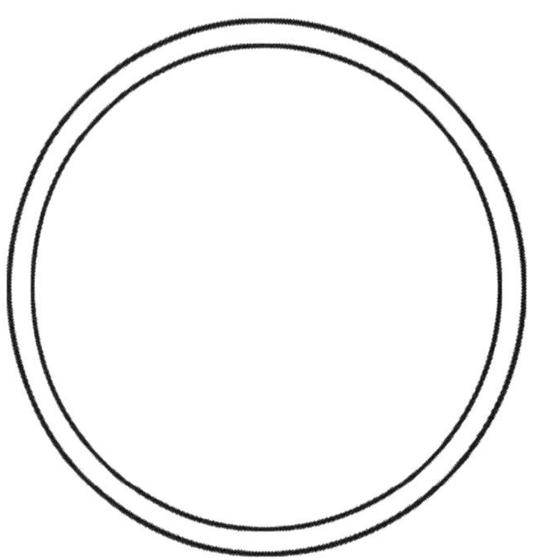

2

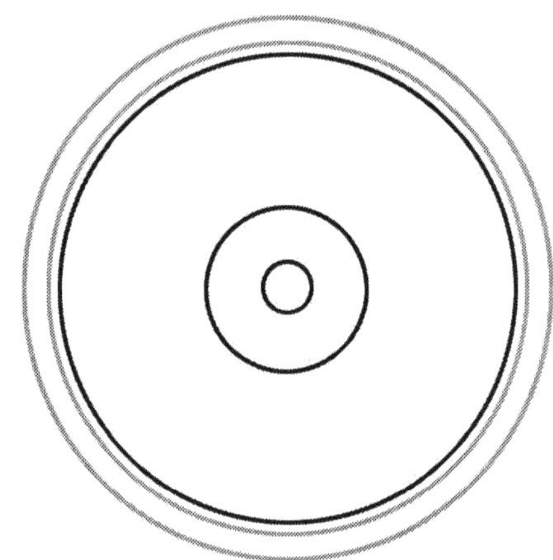

3

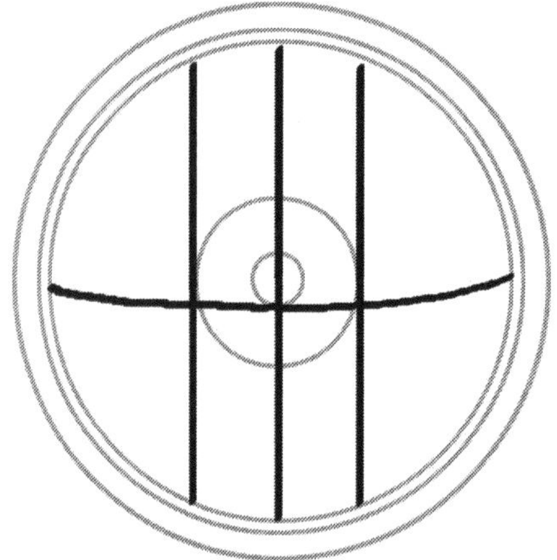

4

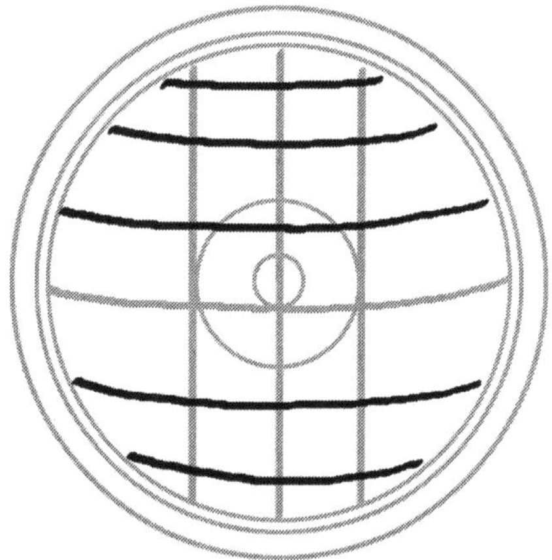

5

6

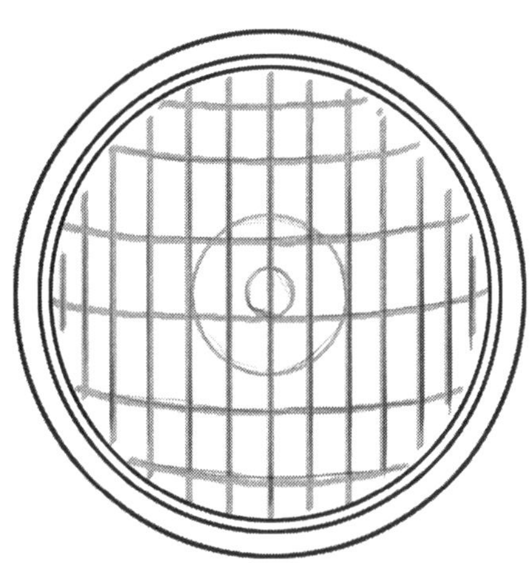

7

8

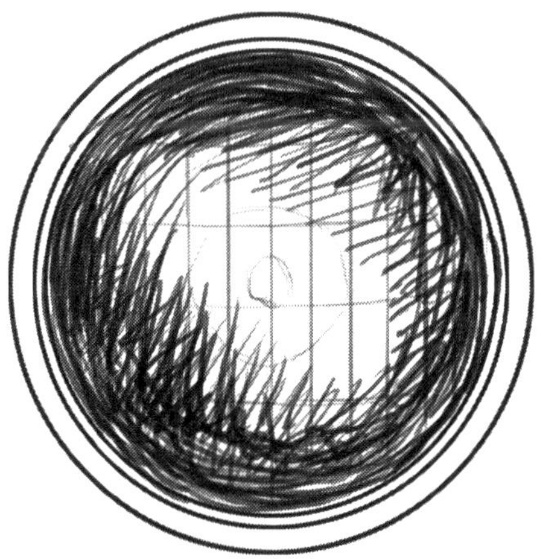

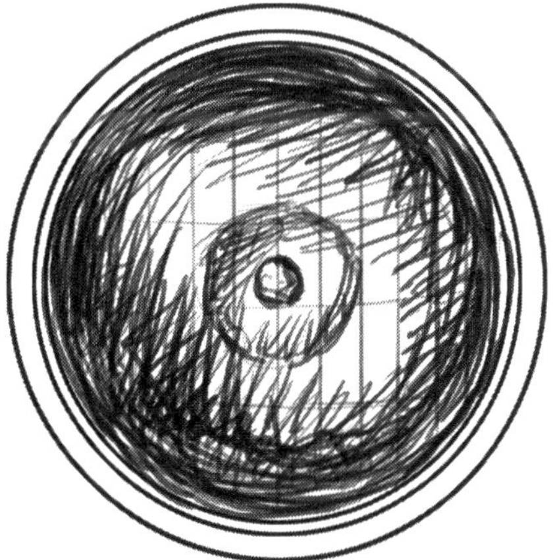

9

10*

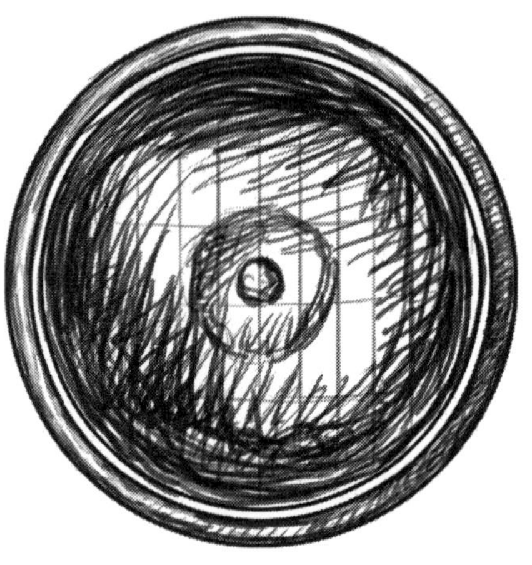

11*

12
(Licht aus)

13*
(Licht an)

*) In diesen Schritten werden Glanzlichter mit weißem Stift aufgehellt.

1

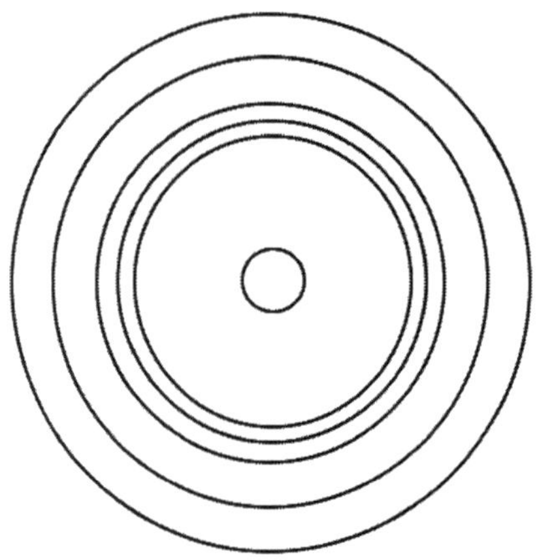

2

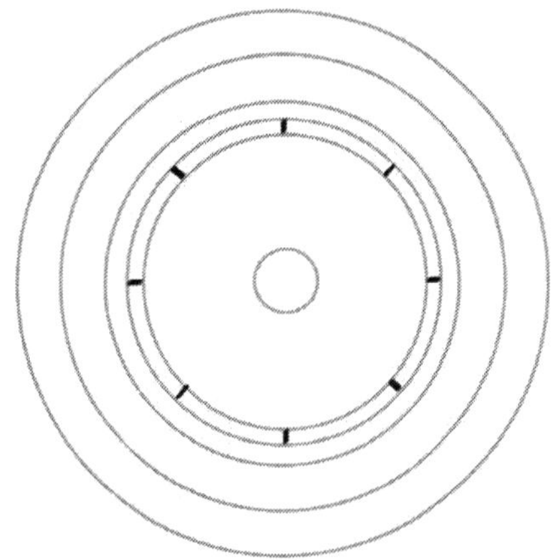

3

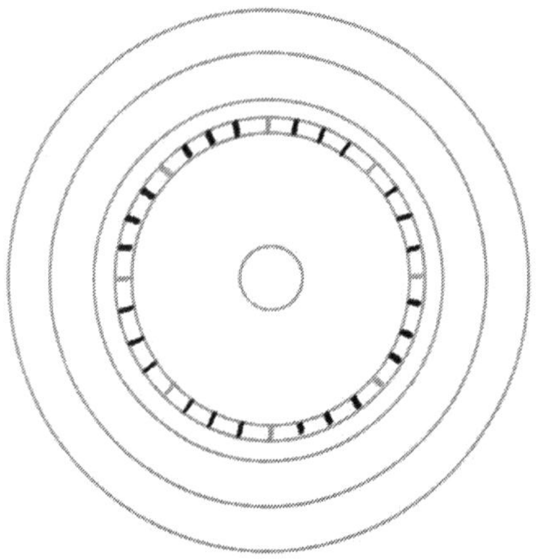

4

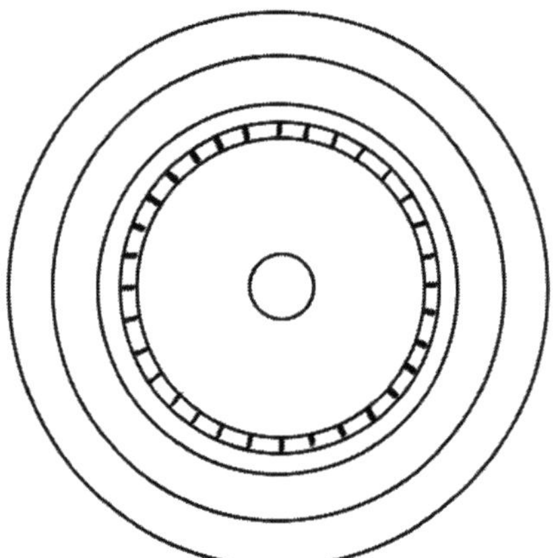

5

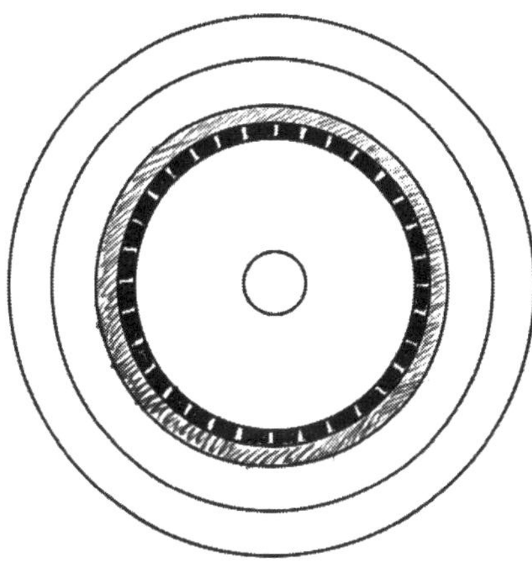

6

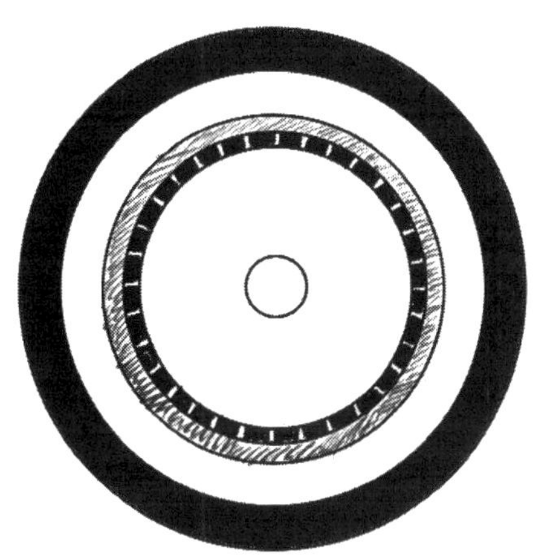

7

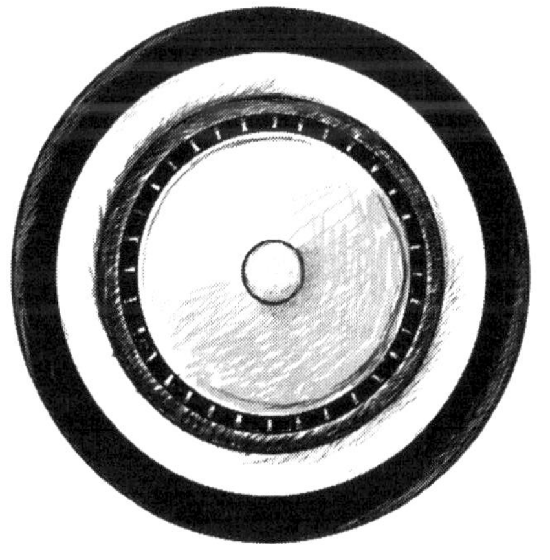

8

1

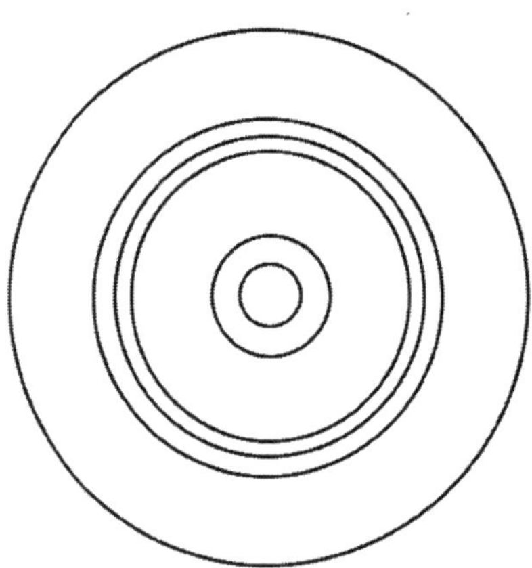

2

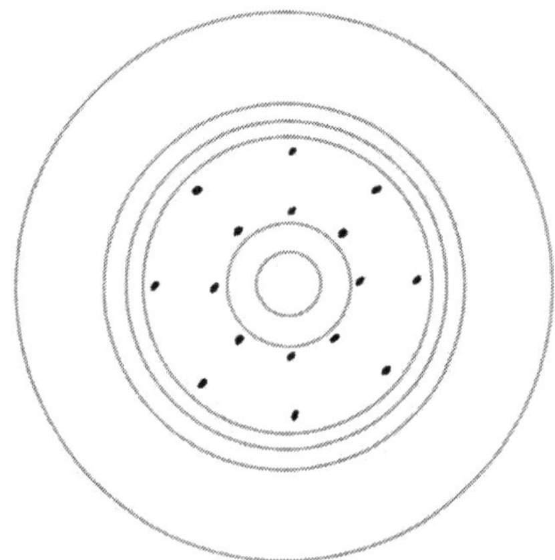

3

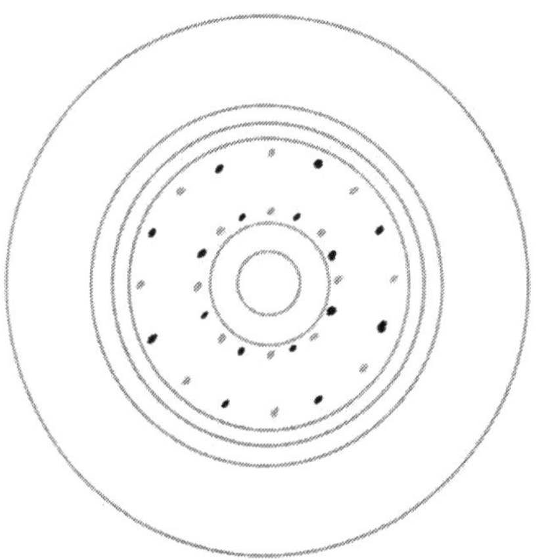

4

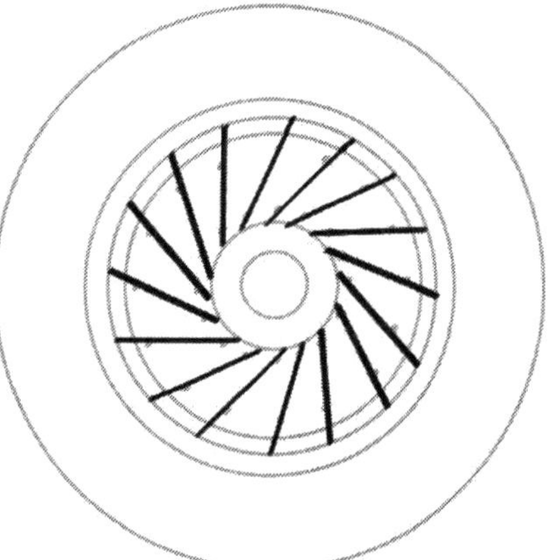

5

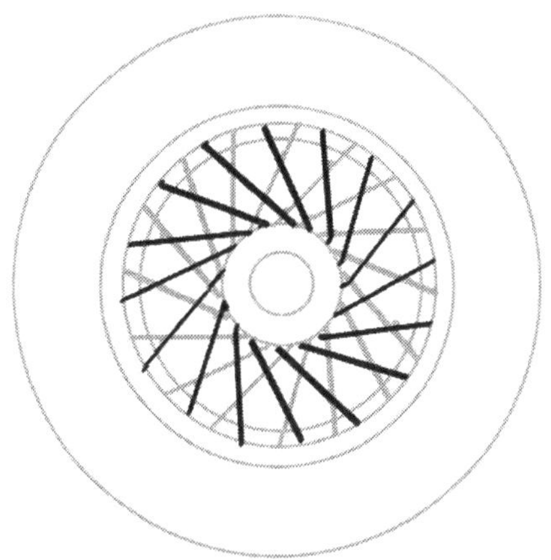

6

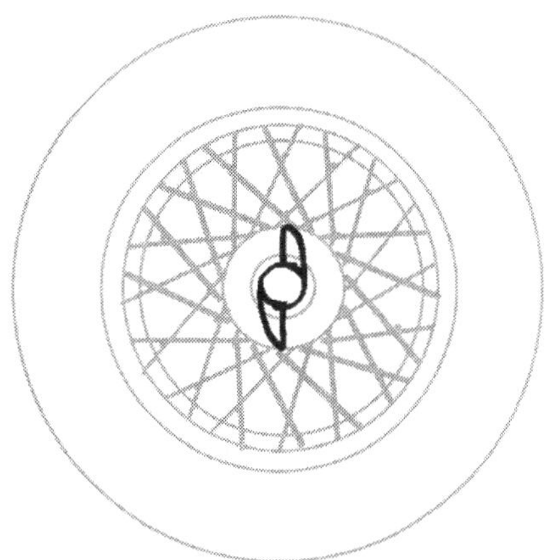

7

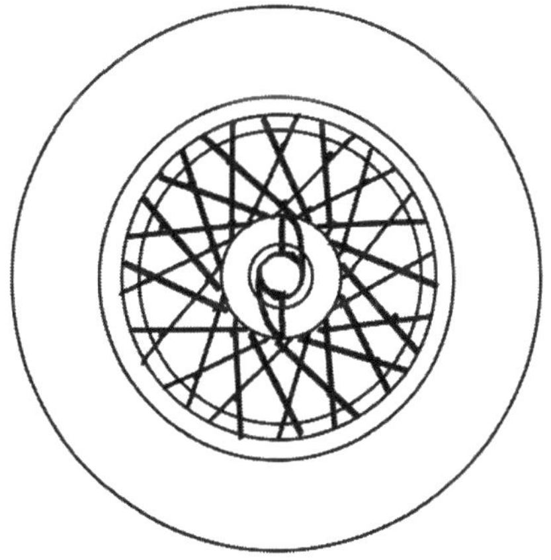

8

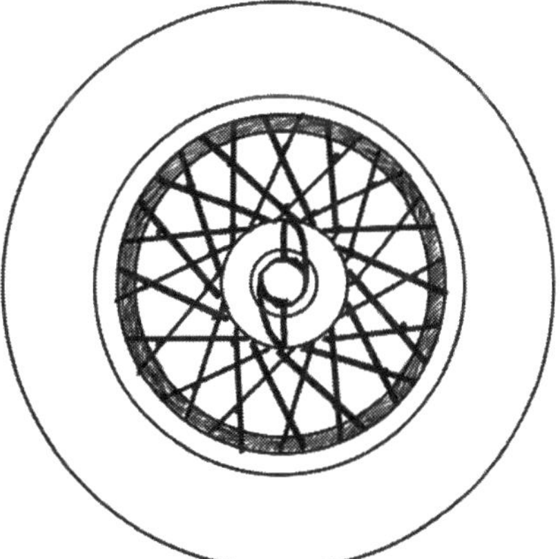

9

10*

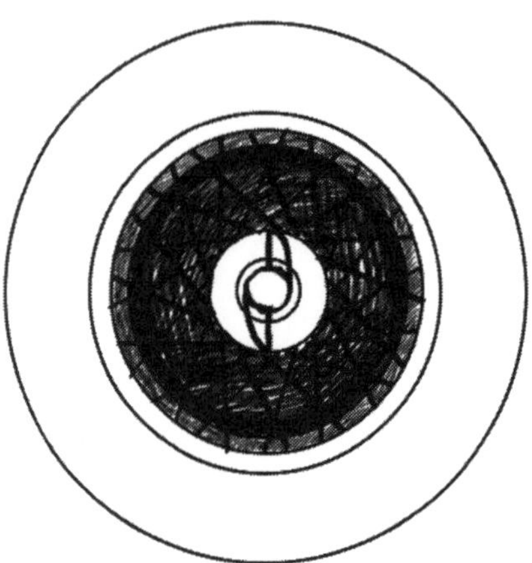

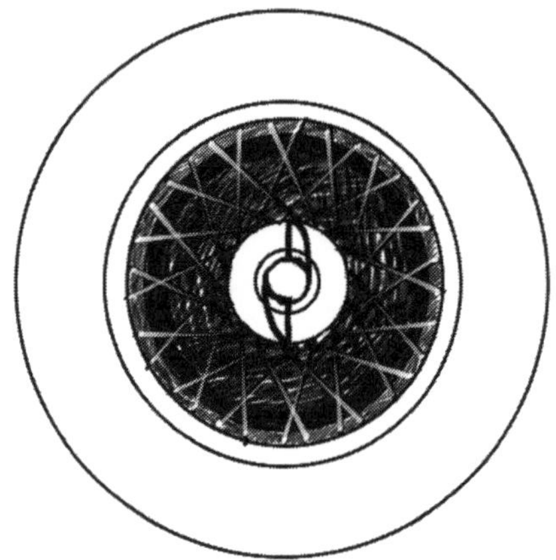

11*

12

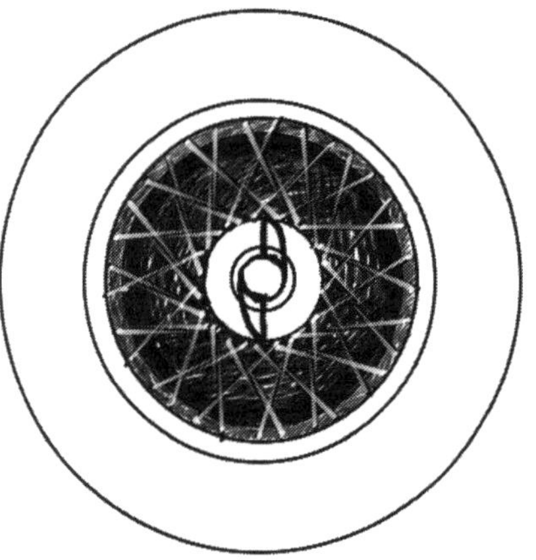

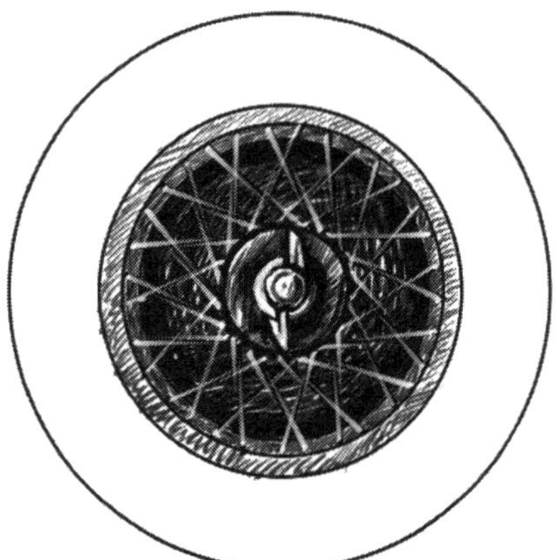

13

14*

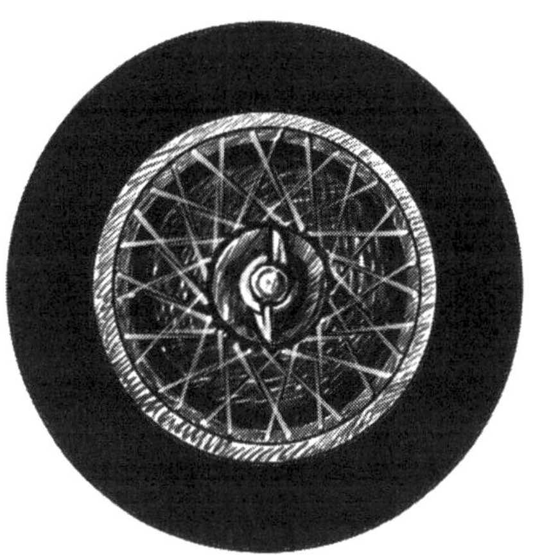

15

*) In diesen Schritten werden Glanzlichter mit weißem Stift aufgehellt.

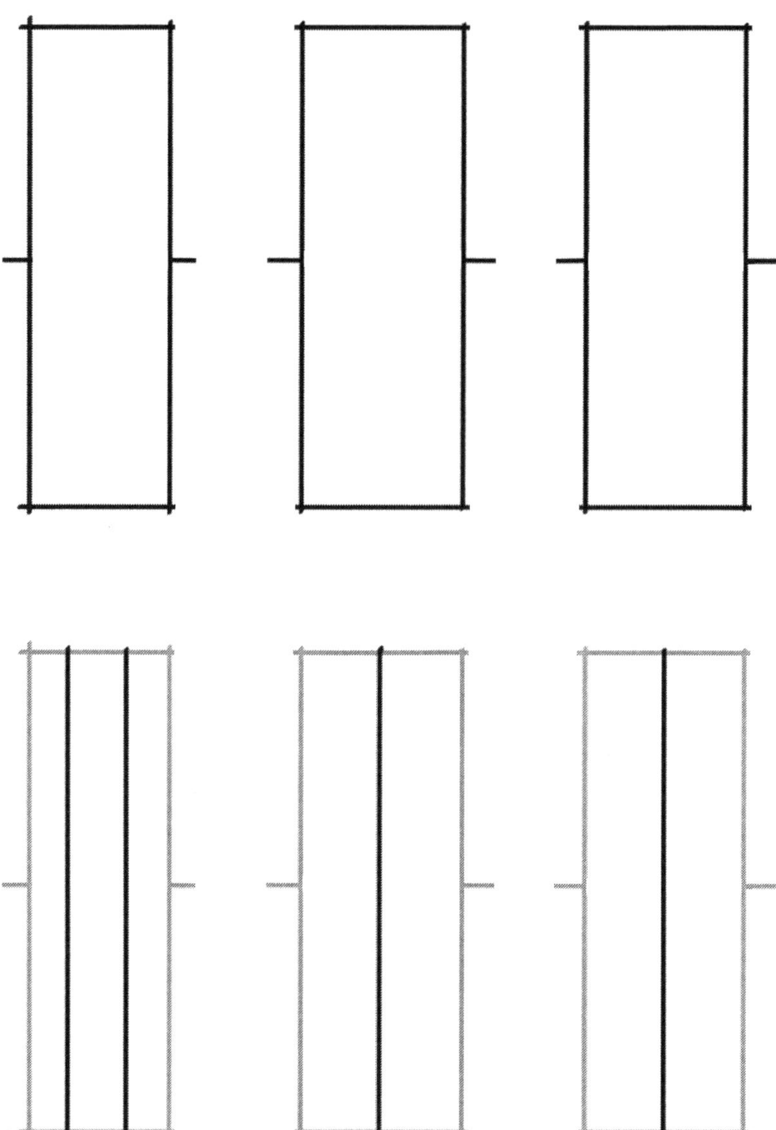

© Vasco Kintzel

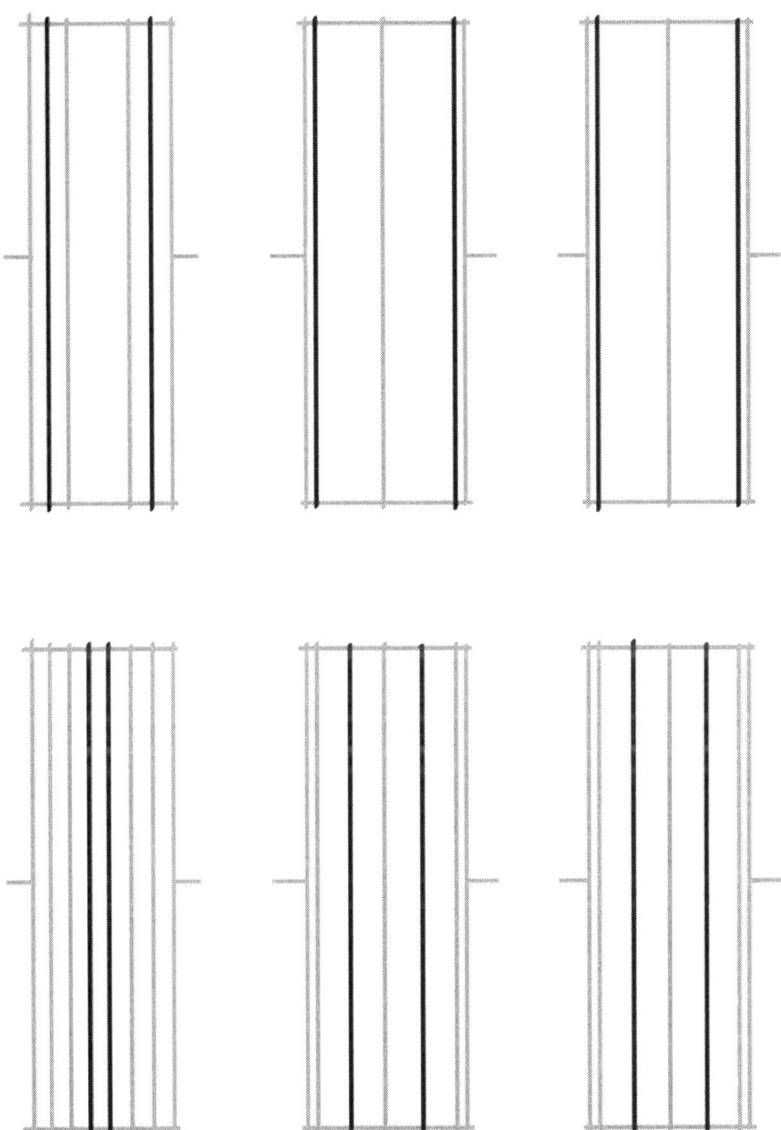

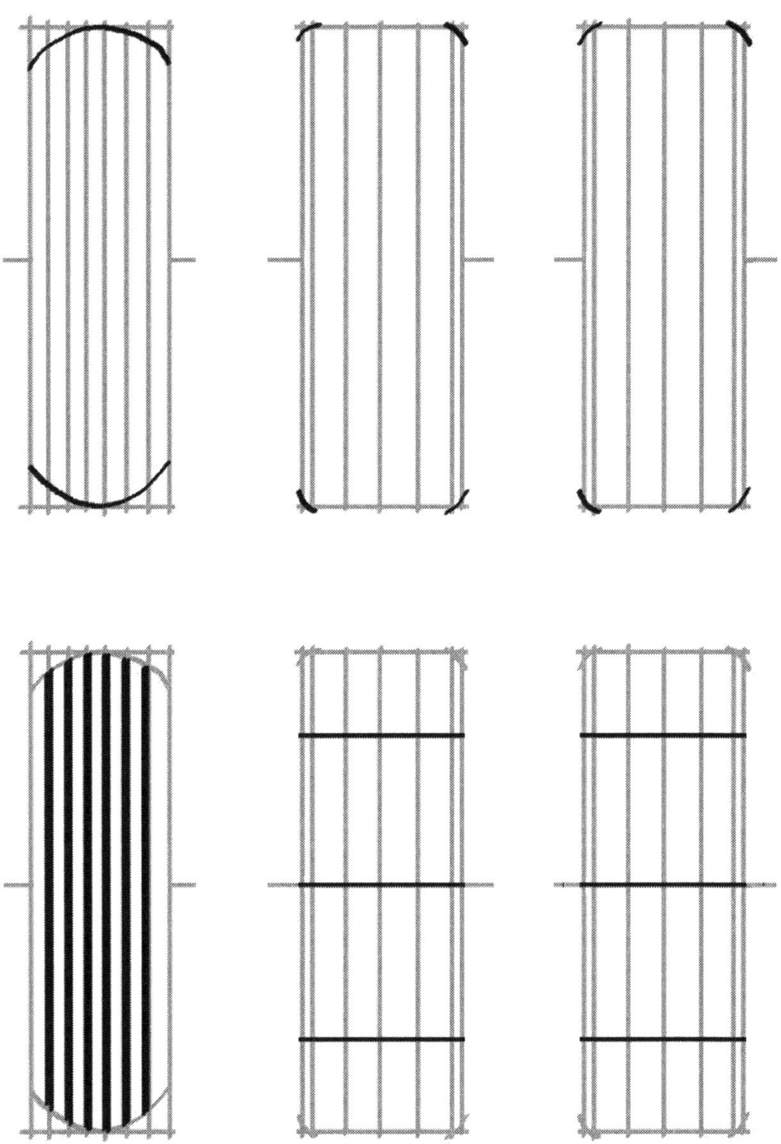

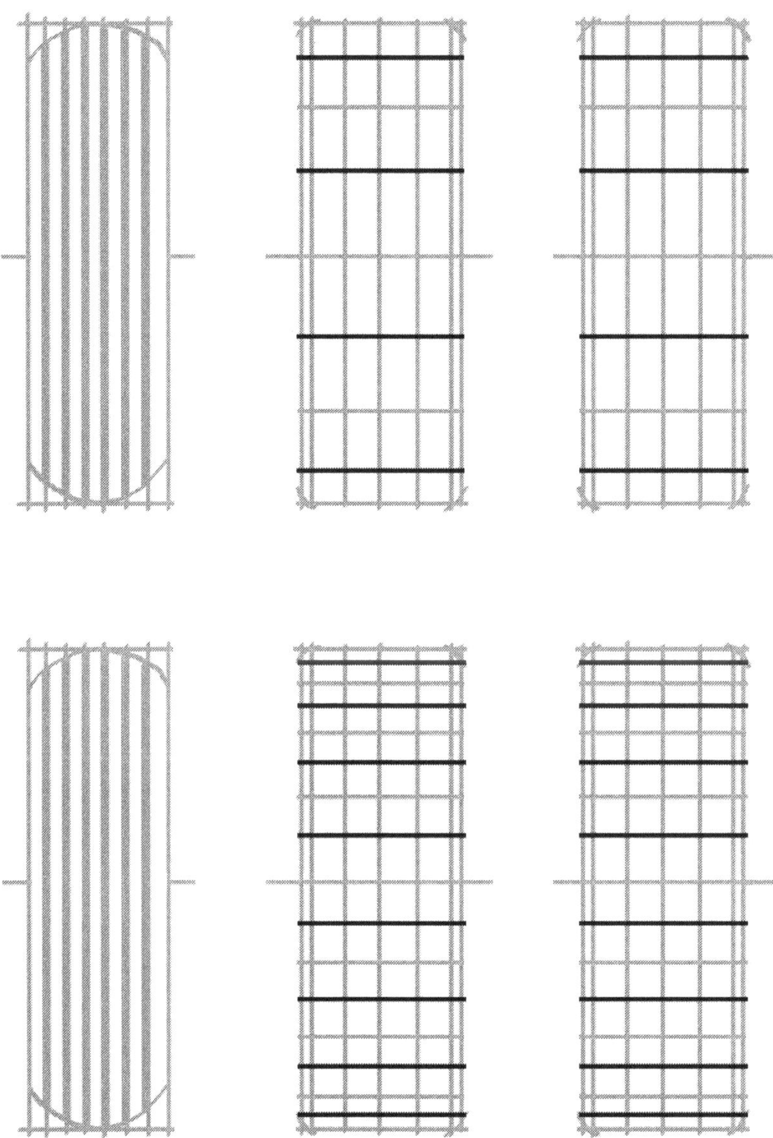

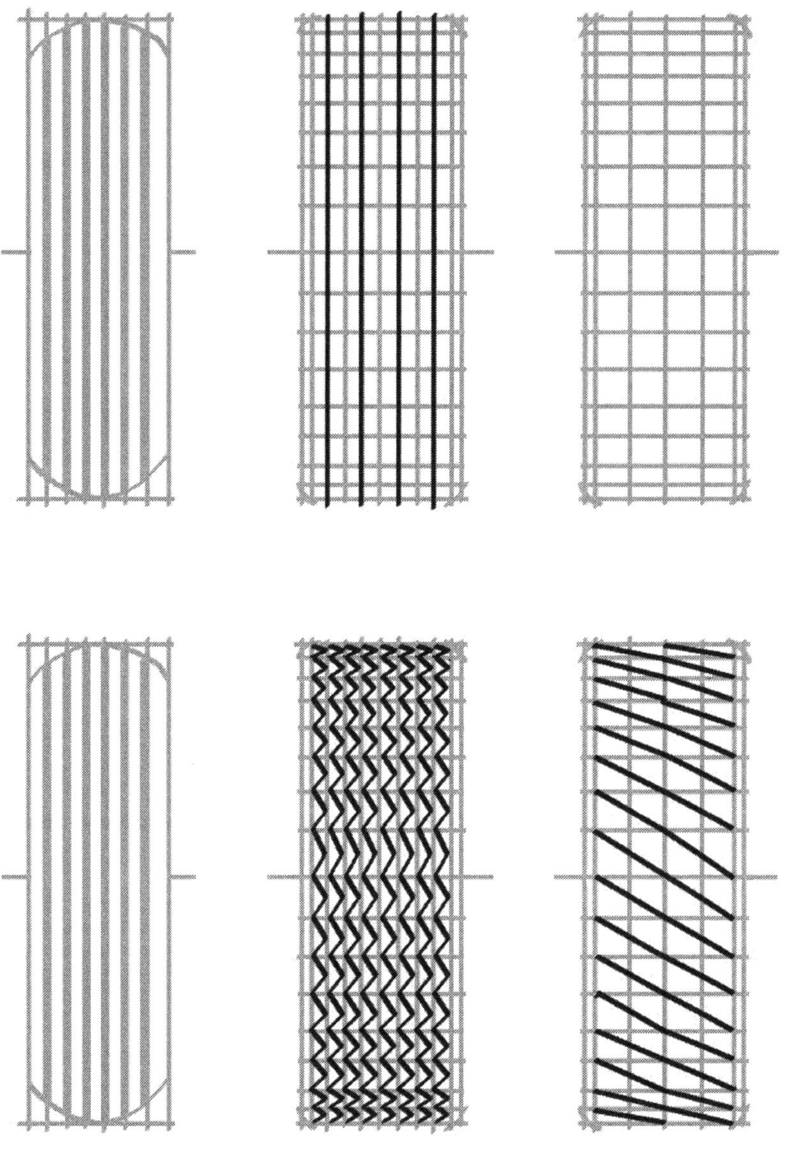

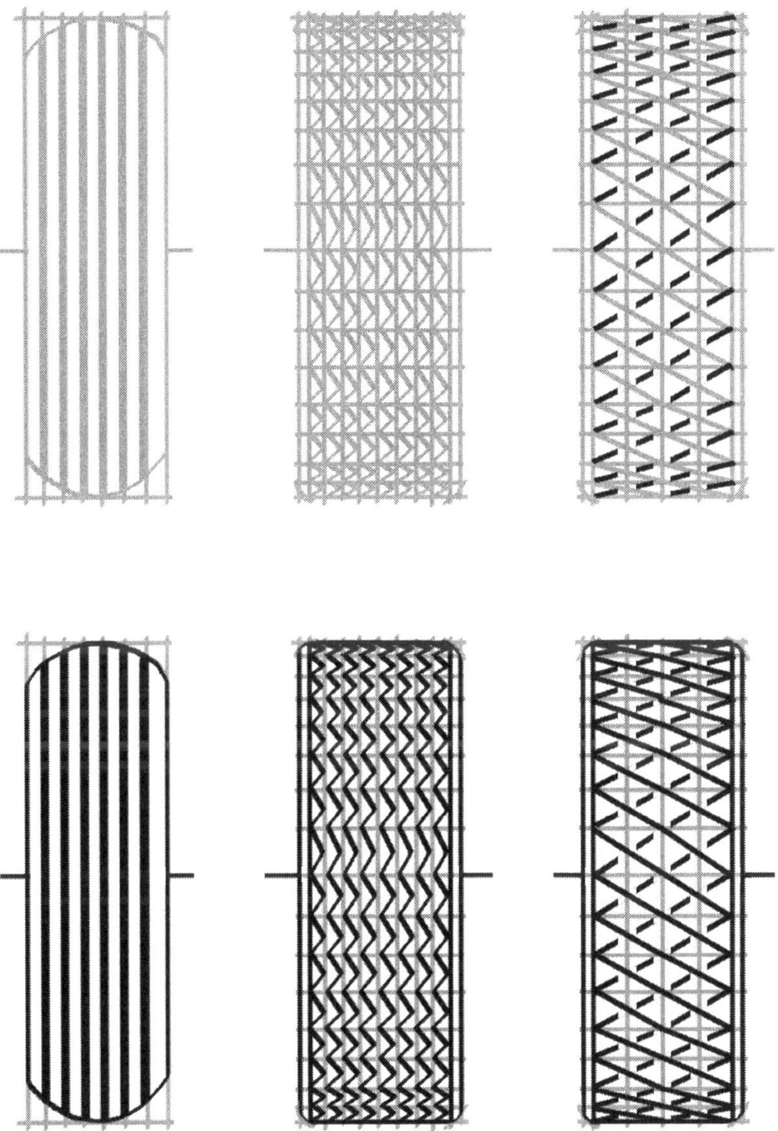

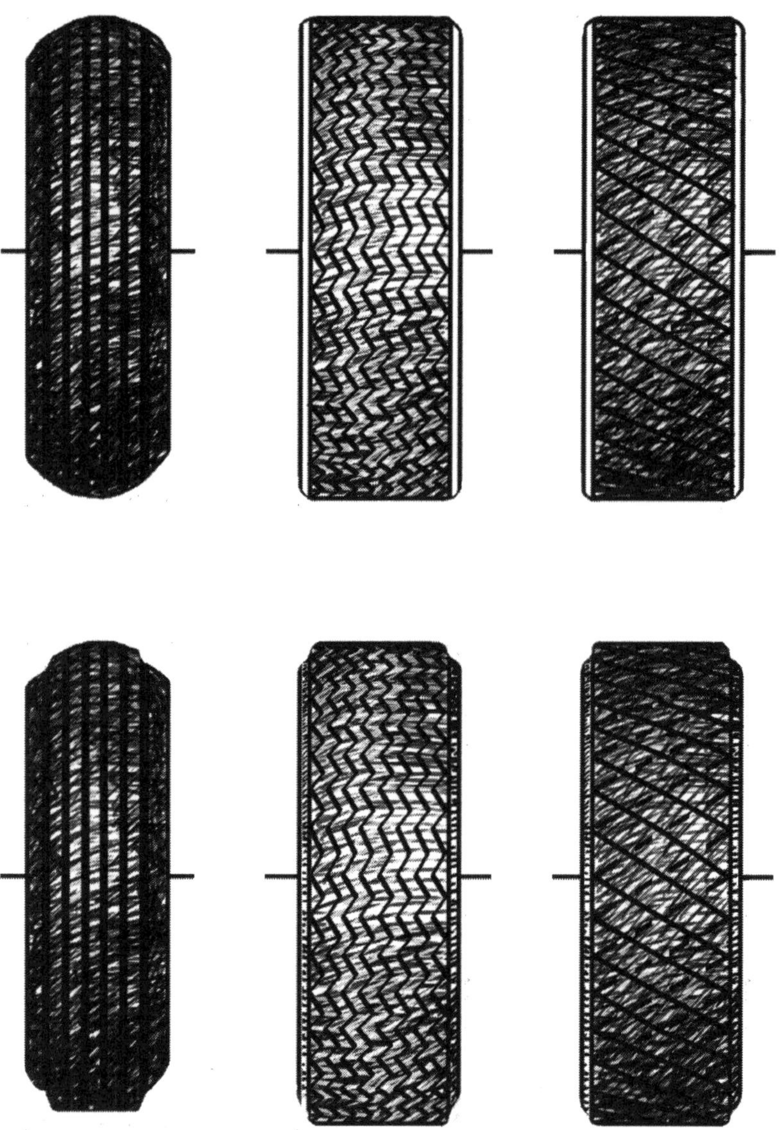

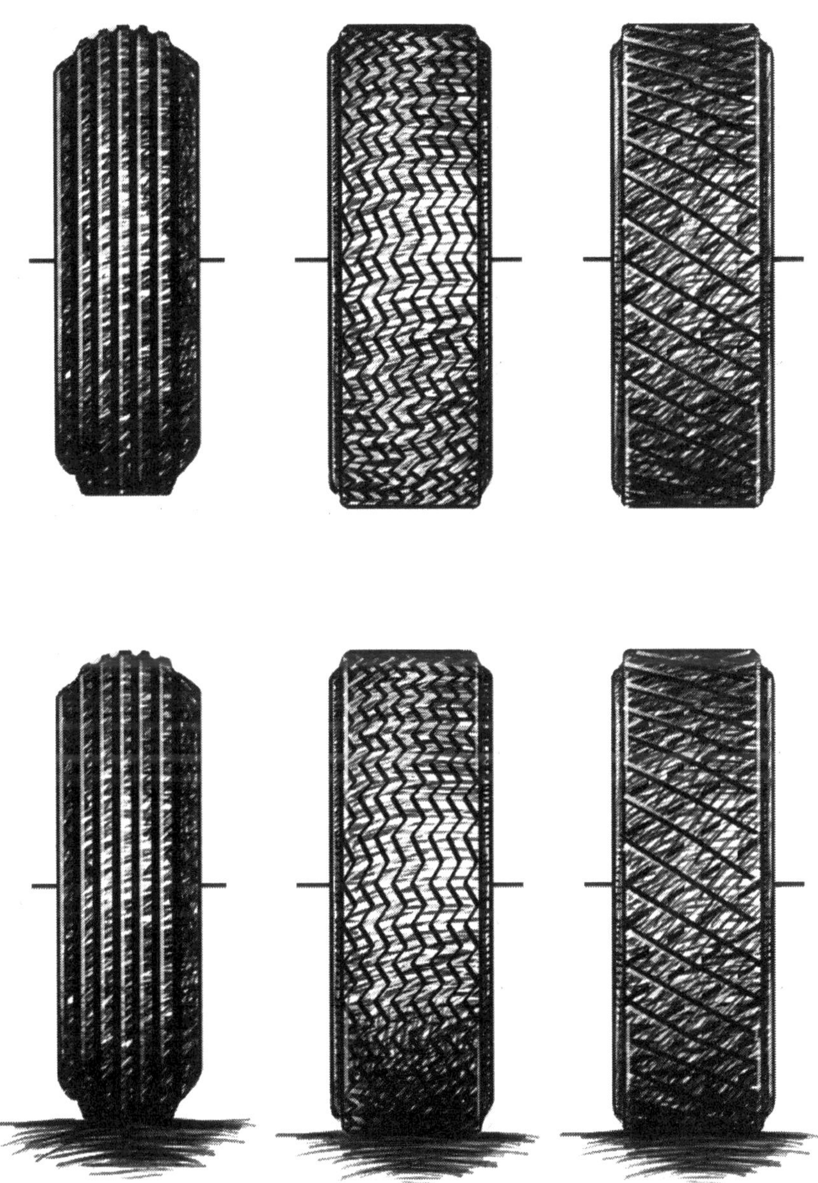

Bei den letzten beiden Zeichnungen werden die Kanten weiß aufgehellt

Teil 1:
Autos, LKWs und mehr ...
ISBN 3 - 8330 - 0021 - X

Folgende Motive sind unter anderem enthalten

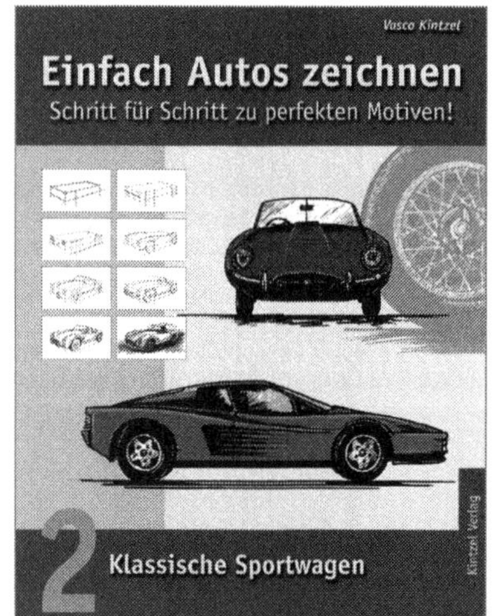

Teil 2:
Klassische Sportwagen
ISBN 3 - 8330 - 0022 - 8

Folgende Motive sind unter anderem enthalten

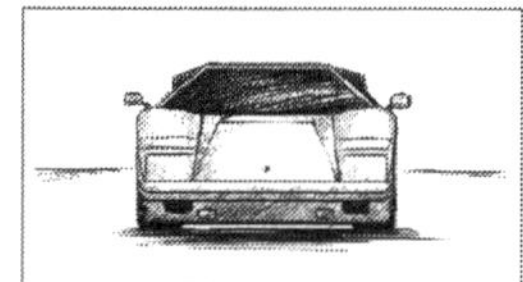

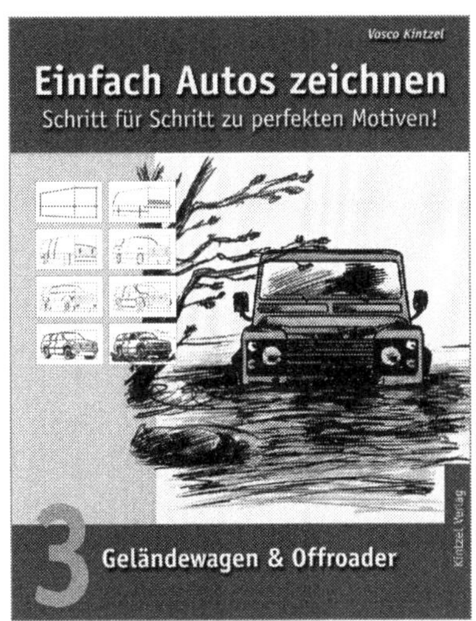

Teil 3:
Geländewagen & Offroader
ISBN 3 - 8330 - 0023 - 6

Folgende Motive sind unter anderem enthalten

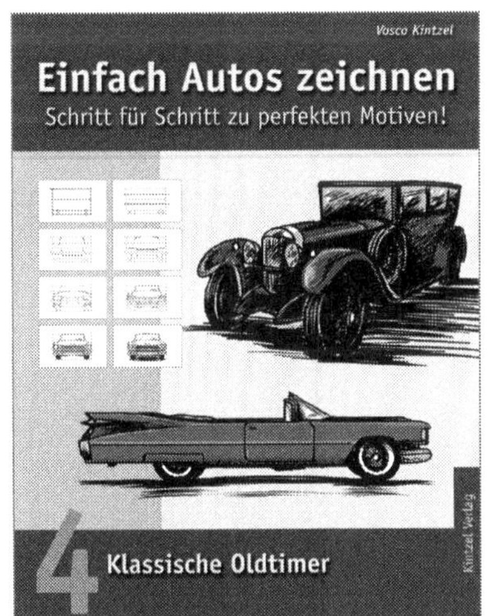

Teil 4:
Klassische Oldtimer
ISBN 3 - 8330 - 0024 - 4

Folgende Motive sind unter anderem enthalten